ぶっちゃけ相続

増補改訂版

相続専門
YouTuber税理士が
お金のソン・トク
をとことん
教えます!

円満相続税理士法人代表
橘慶太

ダイヤモンド社

はじめに　「普通の家庭」が一番危ない

相続は「お金持ちだけの問題」ではありません。

実は「普通の家庭」が一番危ないのです。

2021年に起こった相続争いの調停・審判は1万3447件。

このうち遺産分割を巡る争いでは、**遺産額1000万円以下が33％、5000万円以下が43・8％。**

つまり相続争いの8割近くが遺産**5000万円以下の「普通の家庭」**で起きています。

「財産がたくさんある家庭」が揉めると思われがちですが、それは間違いです。

揉めるのは**「バランスが取れるだけの金銭がない家庭」**です。

「不動産4500万円、預金500万円」をどう分ける？

例えば、5000万円の財産でも、「不動産が2500万円、預金が2500万円」という家庭であれば、一方が不動産を、もう一方は預金を相続すれば問題ありません。

しかし、「不動産が4500万円、預金が500万円」という家庭はどうでしょうか？

不動産をどちらか一方が相続すれば、大きな不平等が生じます。こういった家庭に相続争いが起こりやすいのです。

さらに財産バランスだけではなく、**「介護の負担が偏っている」「兄弟仲が悪い」「遺言書の内容が不公平」**などの要因により、現在の日本では、どのような家庭でも相続争いが発生する可能性があるのです。

知らないと絶対損する！　相続税「大増税」の動き！

2024年1月から相続税・贈与税のルールが大きく変わります。

相続税対策の基本は「税金がかからない形で、いかに財産を減らすか」です。

そのため、自分の財産を子や孫などに渡す「生前贈与」がとても効果的でした。

しかし、この生前贈与のしくみが非常に複雑化します。

相続税を減らすには「相続時精算課税制度」というテクニカルな制度を使いこなすことが必須で、**何も知らないまま、従来の相続税対策をしていては間違いなく損します**（詳細は第4章）。

また近年、「相続税の無申告者」に対する取り締まりが厳しくなっています。**「自分には関係ない」「税務調査なんてこないだろう」「たいした金額じゃないから、大丈夫」**という納税者の油断を**狙い撃ち**しているのです。

2021年の統計では、相続税の無申告者に対し、576件の実地調査が行われました。

うち502件に追徴課税（申告ミス等により追加で課される税金）が発生し、その金額はなんと**「1人当たり1293万円」**でした。

税務署は、相続税の申告漏れがないかどうか、国民ひとりひとりの財産に目を光らせています。安易な相続税対策が、税務調査を誘発してしまうことも多々あります。

「専業主婦の奥さまの通帳に多額の預金があるのはおかしい」

税務調査にまつわるトラブルで多いのは、夫が妻の預金通帳で預金をしているケース。「結婚してからずっと専業主婦で、両親から大きな遺産を相続したわけでもない。その奥さまの通帳に1000万円を超えるような多額の預金があるのはおかしい！」と税務署は言うのです。

そして、**「このお金は奥さまの通帳に入っていますが、実質的には亡くなったご主人の遺産です。相続税を追加で支払ってください！」**と相続税を追徴課税され、悲しい想いをする家庭が後を絶ちません。

多くの方が「私たちの家庭事情は特殊だから」と考えがちです。しかし、**相続にまつわるトラブルには明確なパターンが存在**します。

パターンが存在するということは、それを未然に防ぐ処方箋も存在します。本書では、実際にあったトラブル事例を数多く紹介し、どのようなメカニズムでトラブルに発展するのか、そして、その対処法もお伝えしていきます。

相続税を0円に！ 2024年からの新ルールにも完全対応！

申し遅れました。私は円満相続税理士法人の代表税理士の橘慶太（たちばなけいた）と申します。

私は、相続税専門の税理士法人の代表として、これまで**5000人以上の方の相続相談**に乗ってきました。また、これまで日本全国で500回以上、相続セミナーの講師を務めた経験もあります。限られた人にしか伝えることができないセミナーよりも、もっと多くの人に相続の知識を広めたいと想い、2018年からYouTubeを始めました。ありがたいことに、2023年2月末日現在、チャンネル登録者は8・6万人を超えました。

2020年、「将来の相続に備えたい人向けの1冊」として、『ぶっちゃけ相続』を刊行し、多くの方に手にとっていただきました。嬉しいことに、日本全国から「わかりやすかった」「両親にプレゼントしたら喜んでもらえた」などのメッセージをいただきました。

翌年の2021年には「今まさに身近な人を亡くし、膨大な手続に追われ、相続に直面している人向けの1冊」として、『ぶっちゃけ相続「手続大全」』を刊行し、2冊合わせて10万部を突破することができました。

本書は2020年に発売された『ぶっちゃけ相続』の増補改訂版です。前述しましたが、2024年1月より相続税・贈与税のルールが大きく変わります。もちろん**本書は、この大改正に完全対応しており、変更点・注意点をあますところなく解説し、「相続税を0円に近づける」方法をご提案**します。加えて、「相続登記の義務化」「土地放棄制度の活用法」「不動産（タワマン）節税の規制」など、相続の最新トレンドを盛り込みました。（※各種名義変更など、身近な人が亡くなった後の手続を詳しく知りたい方は、『ぶっちゃけ相続「手続大全」』をお読みください）

相続の基本から税務調査の裏側までお伝えします！

この本は、「相続のことを基本のキから勉強したいけれど、難しい専門書は嫌だ。かといって、教科書的でありきたりのことしか書いていない本はもっと嫌だ」という方にうってつけの1冊です。相続にまつわる法律や税金の基礎知識から、相続争いの裁判例や税務調査の勘所といった深い部分まで学べる内容になっています。

本書を読み終わるころには、**相続にまつわる網羅的な基礎知識が身につき、円満相続への準備が整う**こと間違いありません。自分が今すべきことが明確になり、暗中模索だった状態から、パーッと目の前が明るくなることをお約束します。

アメリカ合衆国第16代大統領リンカーンはこう言いました。

「もし8時間、木を切る時間を与えられたら、私はそのうち6時間を斧（おの）を研（と）ぐのに使うだろう」

相続の準備も同じです。断片的な知識だけで行動するよりも、しっかりとした知識を身につけてから行動に移したほうが、良い結果になるのは間違いありません。

最初は基本のキから紹介していきますので、初めて相続を勉強する方も安心してくださいね。

それではリラックスして読み進めて行きましょう。

目次

ぶっちゃけ相続【増補改訂版】
相続専門YouTuber税理士がお金のソン・トクをとことん教えます！

序章　相続の基本のキをぶっちゃけます！

第1章 相続トラブルをぶっちゃけます！

第2章

遺言書をぶっちゃけます！

第3章

相続税をぶっちゃけます！

贈与税をぶっちゃけます！

第5章 不動産をぶっちゃけます！

第6章 税務調査をぶっちゃけます！

第7章 相続手続・専門家をぶっちゃけます！

※本書の内容は2023年3月末日現在の法令にもとづいています。

序章

相続の基本のキをぶっちゃけます！

「相続の誤った知識がひとり歩きして、それがトラブルを招いている」。５０００人を超える相続相談でわかったことです。大切なのは「正しい知識」。相続の４大基本を紹介します。ここを押さえれば、相続の全体像もつかめます。

＼ぶっちゃけ／

1

基本① 遺産の分け方、2つの基本ルール

亡くなった方の遺産は2つのルールに沿って分けられます。

ポイントは**「遺言書の有無」**です。

遺言書が有る場合は、その内容通りに遺産を分けます。

遺言書が無い場合は、相続人全員の話し合い（遺産分割協議）で遺産の分け方を決めます。

ここでとても多い誤解は「遺産は法定相続分通りに分けなければならない」というものです。

皆さんは「遺産は配偶者が2分の1、子供が2分の1を相続する（子供が複数人いる場合は2分の1を均等に割る）」という話を聞いたことはありませんか。

この割合のことを法定相続分（ほうていそうぞくぶん）と呼びます（詳細は次項）。法定相続分は、分け方の目安として国が定めているものです。しかし**あくまで「目安」にすぎない**ので、「必ずこの割合で分けなさい」と強制力を持つものではないのです。

つまり、**相続人全員の同意があれば、どのような分け方をするのも自由**です。

「母3分の1、長男3分の1、長女3分の1」でも、「母がすべて相続、子供は0」でも、相続人全員の同意さえあればいいのです。

遺言書
有る
遺言書の通りに
分ける
無い
遺産分割協議
で分ける
相続人全員の
同意があれば、遺産は
自由に分けてもいいよ
法律
そうだったのか！

＼ぶっちゃけ／

2

基本②　相続人は誰？法定相続分はどれくらい？

遺産を相続できるのは、民法で定められた「相続権を持つ人」だけです。この権利を持つ人のことを「相続人」と呼びます（亡くなった方のことを法律用語では「被相続人」といいます。本書では「亡くなった方」で統一します）。

相続人は誰になるのか。遺産はどう分けられるのか。

次ページの図にまとめました。

まず、どのような家族構成だったとしても、**配偶者は必ず相続人になります。**

そして子供がいれば、子供も相続人になります。この場合の法定相続分は配偶者が2分の1、子供が2分の1です。子供が2人以上いる場合は、2分の1を子供の人数で割ります。次ページの図のように子供が3人なら6分の1ずつです。

もし、**亡くなった方に子供がいないなら、相続人は配偶者と直系尊属（ちょっけいそんぞく）（親や祖父母）になります。**

この場合の法定相続分は配偶者が3分の2、直系尊属が3分の1です。

そして、もし子供がおらず、両親や祖父母も他界している場合は、兄弟姉妹が相続人になります。

この場合の法定相続分は、配偶者が4分の3、兄弟姉妹が4分の1です。

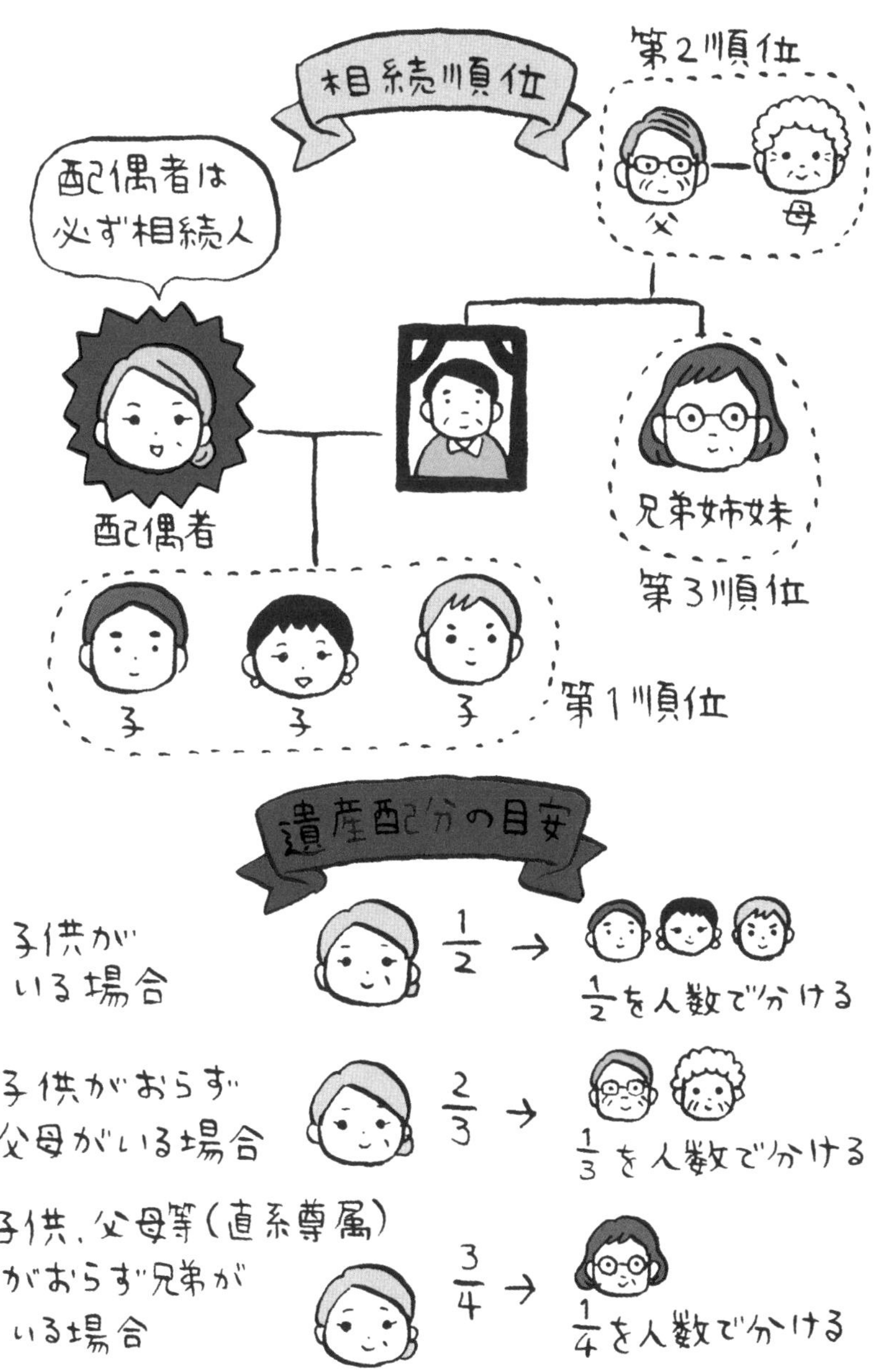

相続順位
配偶者は必ず相続人
第2順位
父
母
配偶者
兄弟姉妹
第3順位
子
子
子
第1順位
遺産配分の目安
子供がいる場合
1/2 →
1/2を人数で分ける
子供がおらず父母がいる場合
2/3 →
1/3を人数で分ける
子供、父母等（直系尊属）がおらず兄弟がいる場合
3/4 →
1/4を人数で分ける

このように**相続人は法律で厳格に決められている**のです。

ちなみに、孫が相続人になることもあります。相続人になるはずの子が先に亡くなっている場合、その子（孫）が相続の権利を持ちます。これを代襲相続と言います。

なお、兄弟姉妹が相続人となる場合、その兄弟姉妹が先に亡くなっていれば、甥と姪に代襲相続されます。結果として、相続人の数が非常に多くなることも珍しくありません。

ここで**よくある誤解は「相続人全員が同意すれば、相続人以外の人にも遺産を相続させることができる」**です。

例えば「献身的に介護してくれた内縁の妻にも遺産を相続させてあげたい」と相続人全員が同意したケース。法律上、**内縁の妻は相続人にはなれない**ので、相続人全員の同意があっても相続できません。

他にも、「相続人である子供にはすでに財産がたくさんあるため、子供を飛ばして孫に相続させたい」という相談もよく受けます。この場合、**孫は相続人ではありません**ので、相続人全員が同意をしても、相続させることはできません。

相続人「以外」に財産を残す4つの方法

もし、相続人ではない人に財産を残したいのなら、次の4つの方法があります。

①遺言書を作成する
②生前中に贈与しておく
③生命保険の受取人に指定しておく
④相続人がいったん相続し、生前贈与（せいぜんぞうよ）をする

このいずれかを選択しなければいけません。

生前贈与とは、亡くなる前に財産を無償であげる行為で、相続人でない人に対しても行うことができます（詳細は第4章で解説します）。④については、相続人の心変わりで実現されない可能性があります。さらに、相続人が相続税を払ったうえに、贈与を受けた人に贈与税の負担まで発生する可能性があるので、避けたほうが無難でしょう。

＼ぶっちゃけ／

3 基本③ 遺言書を書くときは「遺留分」に注意！

遺言書がない場合、相続人全員の同意がないと遺産の分け方を決めることができません。どうしても折り合いがつかない場合は、調停や審判で分け方を決めることになります。

一方、遺言書さえあれば、基本的には遺言書通りに遺産を分けていくことになり、手続が長期化する可能性は低いです。

遺言書でも手を出せない「権利」とは？

しかし、ここにも誤解があります。「遺言書があったとしても、自由に遺産を分けられるわけではない」ということです。遺留分(いりゅうぶん)という制度が存在するためです。

私は相談者に対して「難しい専門用語を覚える必要はないですよ」とお伝えしていますが、遺留分だけは別です。重要度が極めて高いので、これだけは覚えておいてください。

遺留分とは、「残された家族の生活を保障するために、最低限の金額は必ず相続できます」という権利を指します。

ポイントが2つあります。まず1つ目は、**遺留分は「権利である」**ということ。

例えば遺言書に「長男は親不孝だったので、1円も相続させません」と書いてあったとしましょう。そこで長男が「あぁ、そうですか。親の財産なんてあてにしてないからお好きにどうぞ」と、遺言書の内容に納得するなら問題ありません。

しかし「いやいや、1円も相続させないなんてあんまりだ。俺には遺留分という権利がある。遺産を相続させろ!」と主張する場合、長男は最低限保障されている金額を相続できます。遺留分はあくまで「権利」なので、行使するかどうかはその人次第です。

2つ目のポイントは**遺留分の保障額**です。下図を見てください。

遺留分は法定相続分の半分と覚えましょう。相続人が配偶者と子供であれば、配偶者の法定

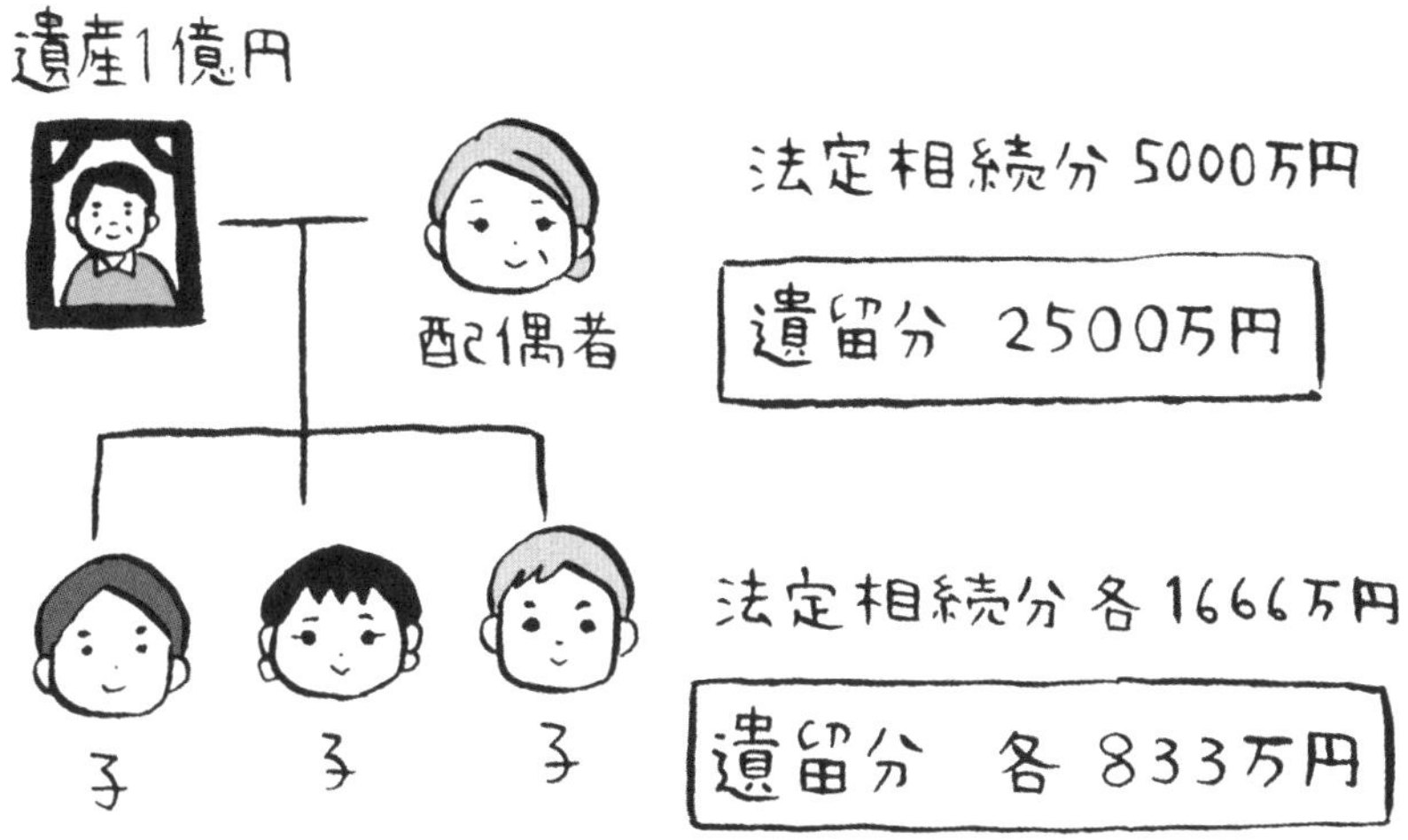

相続分は2分の1なので、その半分の4分の1が遺留分。子供の法定相続分は2分の1、それを子供の人数で割るので、この図であれば1人あたり6分の1です。遺留分は法定相続分の半分なので12分の1になります。

例えば、遺産が1億円、相続人は配偶者と子供3人だった場合、配偶者の遺留分は2500万円、子供はそれぞれ833万円が遺留分になります。

加えて、**「兄弟姉妹には遺留分が無い」**ことも押さえておきましょう。亡くなった方と兄弟姉妹は別生計であることが一般的で、「遺産を相続できなくても生活に困ることはない」と考えられているためです。そのことから、子供のいない夫婦においては、「全財産を妻（夫）に相続させる」という遺言書があれば、他の兄弟姉妹から「私たちも相続人なんだから、遺産を少しは相続させてくれ」と主張されても、法的な効力は一切ありません。

遺留分の考え方は奥が深いので、第2章で詳しく解説します。大切な基礎知識として「遺言書があれば、自分の気持ち通りに分け方を決めることができるが、遺留分だけは変えられない」と覚えておきましょう。

遺言書をきちんと作ったとしても、**遺留分を侵害する内容になっていれば、争いの火種になってしまう**のです。

＼ぶっちゃけ／

4

基本④ 亡くなった人すべてに相続税がかかるわけではない

相続税に対してどのようなイメージをお持ちでしょうか？

「遺産のほとんどを国に持っていかれる」

「相続税を支払うために、自宅を売却しなくてはいけない」

戦々恐々としたイメージをお持ちの方が多いと感じています。

私はこれまで、５０００人を超える方の相続相談に乗ってきました。その経験からいうと、実際に相続税を計算し、その税額を伝えると、多くの方が「意外とこんな金額ですむのですね」と安堵されます。

例えば、遺産総額1億円、相続人が配偶者と子供2人の場合の相続税は、家族全体で３１５万円です（法定相続分で相続したと仮定）。**遺産全体からすると約3％の負担**です。

2億円だった場合でも、家族全体で１３５０万円（遺産全体の約7％）です。

どうでしょう。「国に根こそぎ持っていかれる」わけではありませんよね。

相続税の計算の大枠について説明します。

まず相続税は、亡くなったすべての方にかかるわけではなく、「一定額以上の遺産を残して亡くなった方」にだけ課税される税金です。その一定額のことを基礎控除（きそこうじょ）と呼び、**「3000万円+600万円×法定相続人の数」**という算式で計算します。

例えば、亡くなった方の相続人が、配偶者と子供2人の計3人だったとします。

この場合、法定相続人の数は3です。先ほどの式に当てはめると、3000万円+600万円×3=4800万円。基礎控除は4800万円になります。

この方の遺産が4800万円を超えているのであれば、相続税の申告をして、併せて相続税を納税しなければいけません（相続税の申告期限は、亡くなった日から10か月以内です）。裏を返せば、もし**遺産が基礎控除（4800万円）以下だったら、相続税は一切かからず申告も不要**です。

それでは一体、今現在どれくらいの人が相続

税を払っているのでしょうか。

国税庁が公表している「令和3年分　相続税の申告事績の概要」によれば、日本全国の年間死亡者は143万9856人ですが、実際に相続税が発生したのは13万4275人。割合は9・3％です。つまり**相続税を払っているのは「100人中9人」**にすぎません。

また、2015年の税制改正前までは、基礎控除は「5000万円＋1000万円×法定相続人の数」でした。今の基礎控除より4割も大きかったのです。この時代、相続税が課税される人は100人中4人でした。本当に一部の富裕層にしか関係のない税金だったのです。

しかし現在、相続税の対象者が倍以上に増えたので、昔に比べれば身近な税金になったと言えます。まずは**「遺産から基礎控除を引いた金額に相続税がかかる」**と覚えましょう。相続税の詳細については第3章で解説します。

序章では、相続の大切な基礎知識をお伝えしました。

①法定相続分はあくまで目安。相続人全員の同意があれば分け方は自由
②遺産を相続できるのは相続人だけ
③遺言書があれば自由に分け方を決められるが、遺留分は侵害できない
④遺産があっても、基礎控除を超えなければ相続税は発生しない

この4点をしっかり理解できていれば、富士山の5合目まで来たといっても過言ではありません。

楽しく学んでいきましょう。

第1章

相続トラブルをぶっちゃけます！

誰もが「相続でモメたくない。お金のことでいがみ合いたくない」と考えています。しかしながら、相続に関する家族トラブルは減りません。トラブルの原因をしっかり押さえておけば、対策も打てます。恐れることはありません。

＼ぶっちゃけ／

1 認知症と診断されたら相続対策はできない

認知症を発症したら、相続対策はできなくなると考えてください。認知症になった人は、法律上「意思能力のない人」と扱われる可能性があります。**意思能力のない中で行われた法律行為（遺言書を書く、生前贈与をするetc）はすべて無効で、法的効力を持ちません。**

とはいえ認知症の症状には波があり、調子がよければ遺言書を作ることも、契約書に署名押印をすることも可能です。しかし、これがトラブルの原因になります。

例えば、自分にとって不利な内容の遺言書があった場合に「この遺言書を書いたとき、母は既に認知症と診断されていました。そのため、この内容は母の本当の気持ちではなく、無理やり書かされたものだと思います。よってこんな遺言は無効です！」と裁判に発展するケースがよくあります。

認知症の症状があったかどうかは、**医師の診断書のほか、介護施設の介護記録、実際に介護をしていた家族の証言等から、総合的に判断**されます。

裁判の結果、遺言書が無効とされたケースも多数存在しますが、医師の診断書等の客観的な証拠がある場合がほとんど。証拠もなく「母は認知症だったに違いない！」と言いがかりをつけても、基本的には通りません。

生前贈与も同様です。贈与契約書にサインしたり、送金の手続はできたりするかもしれませんが、後々になって他の相続人から**「母は認知症だったから、贈与することなんてできなかったはず。あなたが勝手に母の口座から自分の口座に送金しただけでしょ」**と訴えられることもあります。

認知症の「線引き」は？

ただ、認知症といってもさまざまです。お医者さんから診断されるレベルもあれば、そこまではいかないが、痴呆の症状が見え隠れする状態もあります。

「医師からの診断さえなければセーフなのか？」と考える方も多いのですが、この論点には明確な線引きがありません。認知症との診断がなくても、介護記録や家族の証言等から、遺言書や

贈与契約が無効とされたケースも実際にあります。

では、どうすればいいのか。ここは逆転の発想です。**「どこからが認知症か」の基準は曖昧ですが、「少なくとも今現在、認知症ではない」ことを明確にするのは簡単**です。

心療内科等を受診し、「意思能力に問題なし」という診断書を取得すればいいのです。

遺言書を作成したり、生前贈与をしたりする際に、その行った日の1か月以内に診断を受けておけば、争いになる可能性を大幅に下げることができます。

また、今すぐできる認知症診断テストがあります。

「長谷川式スケール」と呼ばれるもので、認知症専門医の長谷川和夫氏らによって公表された認知症の診断指標です。次ページを見てください。

30点満点中20点以下だと認知症と診断される可能性が上がります。このテストは比較的若い人でも意外に満点をとるのが難しいです。「自分はまだ大丈夫」と思われている方でも、どのくらいのレベルから認知症と診断されるのかを知っておくために、テストの受診をオススメします。

ちなみに厚生労働省のデータによれば、65歳以上の28%は既に認知症であるか、認知症の疑いがあるそうです。世の中の多くの方がピンピンコロリを前提とした相続対策を考えがちですが、実際には**認知症になってしまう前に、相続対策のほとんどを完結させておく必要がある**のです。

改訂長谷川式簡易知能評価スケール(HDS-R)

1	お歳はいくつですか? (2年までの誤差は正解)		0 1
2	今日は何年何月何日ですか? 何曜日ですか? (年月日、曜日が正解でそれぞれ1点ずつ)	年	0 1
		月	0 1
		日	0 1
		曜日	0 1
3	私たちがいまいるところはどこですか? (自発的にでれば2点、5秒おいて家ですか? 病院ですか? 施設ですか? のなかから正しい選択をすれば1点)		0 1 2
4	これから言う3つの言葉を言ってみてください。 あとでまた聞きますのでよく覚えておいてください。 (以下の系列のいずれか1つで、採用した系列に○印をつけておく) 1:a)桜 b)猫 c)電車、 2:a)梅 b)犬 c)自動車		0 1
			0 1
			0 1
5	100から7を順番に引いてください。 (100−7は?、それからまた7を引くと? と質問する。最初の答えが不正解の場合、打ち切る)	(93)	0 1
		(86)	0 1
6	私がこれから言う数字を逆から言ってください。 (6-8-2、3-5-2-9を逆に言ってもらう、3桁逆唱に失敗したら、打ち切る)	2-8-6	0 1
		9-2-5-3	0 1
7	先ほど覚えてもらった言葉をもう一度言ってみてください。 (自発的に回答があれば各2点、もし回答がない場合以下のヒントを与え正解であれば1点) a)植物 b)動物 c)乗り物		a:0 1 2
			b:0 1 2
			c:0 1 2
8	これから5つの品物を見せます。 それを隠しますのでなにがあったか言ってください。 (時計、鍵、タバコ、ペン、硬貨など必ず相互に無関係なもの)		0 1 2 3 4 5
9	知っている野菜の名前を できるだけ多く言ってください。 (答えた野菜の名前を右欄に記入する。途中で詰まり、約10秒間待っても出ない場合にはそこで打ち切る) 0~5=0点, 6=1点, 7=2点, 8=3点, 9=4点, 10=5点		0 1 2 3 4 5
		合計得点	

30点満点中20点以下は認知症の疑いあり。

(出典:加藤伸司ほか:老年精神医学雑誌1991; 2: 1339. より)

＼ぶっちゃけ／

2

介護の苦労は報われない——法律の限界とは？

認知症の母と暮らすA子がいました。A子にはB子とC子という2人の妹がいます。B子とC子は結婚後に故郷を離れ、遠方で暮らしていました。責任感の強いA子は、認知症の母の介護を献身的に行っていましたが、B子とC子は遠方で暮らしていることを理由に、母の介護をすることはありませんでした。

介護をしてきた子VS介護をしなかった子

その後、母が他界し、四十九日も終わった頃に、遺産の分け方について話し合いをすることになりました。A子は言います。

「長年にわたって認知症のお母さんの介護をしてきたのは私よ。当然、私がたくさん遺産を相続する権利があるわ」

しかし、B子とC子は反論します。

「法定相続分は3分の1でしょ？　法律通り、平等に遺産を分けるべきだわ」

「親の介護をしてきた子VS介護をしなかった子」というケースは非常に多く発生しています。認知症を患った親の介護は、肉体的にも精神的にも非常に大変です。遺産を多く相続したいと考えるA子の気持ちもよくわかります。

このような場合において、A子の「親の介護をしてきたのは私だから、私が多く相続する」という主張は、法律的に認められるのでしょうか？

実は、**A子の主張は、実務上ほとんど認められません！**

なぜ報われないのか？

法律上、亡くなった方の介護などを一生懸命に行い、その方の財産の維持・増加に特別な貢献をした相続人は、遺産を多めに相続することができる**「寄与分（きよぶん）」**という制度があります。寄与分の金額は、相続人同士での話し合いで決めるのが原則ですが、折り合いがつかない場合は調停を行い、調停でも決まらない場合は家庭裁判所の審判により決定されます。

世の中には、「寄与分が認められれば介護の苦労が報われる」と信じている方が多いのですが、**実務上では寄与分は認められないことが非常に多く、もし認められたとしても、思っている金額には到底及ばない少額の寄与分しか認められない結果になることがほとんど**です。

東京家庭裁判所が公表している「寄与分の主張を検討する皆様へ」というパンフレットには、認められる条件が次のように記されています。

①寄与行為が親族としての通常期待される以上であること
②介護に専念していたこと（仕事の傍らに通って介護していた場合は専念とはいえず、また、病院や施設に入所していた場合は、その期間の寄与分は認められません）
③介護を相当期間（少なくとも1年以上が目安）継続したこと
④報酬等を受け取っていないこと
⑤これらの主張の裏付けとなる証拠資料を提出すること

これらを鑑みると、家庭裁判所から寄与分を認めてもらうためのハードルは、非常に高いことがわかります。

また、家庭裁判所から寄与分が認められた場合、**相続できる割合が変化すると思っている方が多いのですが、これも間違い**です。

先ほどの例でいえば、本来のA子の法定相続

分は3分の1ですが、A子に寄与分が認められた場合、A子が2分の1にアップし、B子とC子がそれぞれ4分の1にダウンする。このような形で、法定相続分の割合が変化するというイメージです。

実際は違います。寄与分が認められても、相続できる割合が変化するわけではなく、仮に**プロのヘルパーに介護をお願いした場合に支払うはずだった金額をもとに、A子が介護に要した時間を乗じて、寄与分の金額を計算する**方法等が採用されています。そのため、A子の寄与分の金額は、A子の期待に沿わない場合がほとんどです。

法律上は介護の苦労の代償として寄与分という制度があるものの、「**①認められるためのハードルが非常に高い、②認められても想像以上に寄与分の金額は小さい**」というのが実態であり、実質的に介護の苦労は法律では救済されないと言えます。

「介護をしてきた子」がとれる2つの対策

ではどうすればよかったのか。方法は大きく2つあります。

1つ目は、**母が遺言書を作成**しておくことです。

「介護を献身的にしてくれたA子には遺産の6割を、B子とC子には、それぞれ2割ずつを相続させます」というような遺言書があれば、A子の気持ちは救われますし、B子とC子も遺言書がある以上、それに従わざるを得ません。B子とC子の遺留分は6分の1（つまり16・6％）なので、2

割を相続できるのなら、遺留分を侵害していません。

2つ目は、**生前贈与**です。A子に対して先に生前贈与で財産を渡し、特別受益の持ち戻し免除の意思表示（51ページ参照）をしておけば、A子は多くの財産を引き継ぐことができます。

しかし、この2つの方法はそれぞれ弱点があります。

A子の立場からすると、「遺言書って、お母さんの気持ち次第でいつでも書き換えできるし、万が一にも紛失したら……」という不安が常につきまといます。

一方、母の立場からすると、生前贈与されたことにA子が満足し、ある日突然、介護をやめてしまうかもしれません。「財産を先にあげてしまってよかったのかしら……」。こうした不安を抱える日々を送らなければいけません。

負担付死因贈与契約も検討する

この両者の不安を解消する方法として、負担付死因贈与契約という方法があります。

これは贈与契約の一種で、例えば「私が死ぬまで介護を継続してくれたら、金○○円をあげる」という条件付きの贈与契約です。

遺言との大きな違いは、遺言は母の気持ち次第で何度でも変更可能ですが、**負担付死因贈与契約の場合、一度交わした約束はA子の同意もないと変更できません。**なお、負担付死因贈与契約は口頭だけでも成立しますが、「言った・言わない」の水掛け論にならないよう、書面（できれば公正証書）に残しておいたほうが無難です。

注意点が1つあります。

このような死因贈与契約で不動産を渡す場合には、通常の相続の場合と比べ、不動産取得税や登録免許税が高額になることを覚えておいてください（金融資産であれば、そのような問題はありません）。ちなみに、**死因贈与契約は贈与税ではなく、相続税の対象**になります。

他にも、前述以外のシンプルな方法として、生命保険の受取人にA子を指定しておく方法もあります。生命保険は受取人固有の財産であり、遺産分割協議の対象や遺留分の算定にも含まれない性質がありますので、A子に確実に財産を残す方法として使い勝手がいいですね。

ただ、どの方法を採用するにしても、母に意思能力がしっかりとあることが前提になります。**遺言書も、生前贈与も、生命保険の加入も、基本的には認知症になる前でないと行えません。**A子さんの例は、お母さんが認知症になってしまう前に対策を打っておくべきだったと言えますね。

いずれにしても、家族内の約束がきちんと守られるかどうかは、家族の信頼関係に委(ゆだ)ねられます。

＼ぶっちゃけ／

3

横領多発！ 両親の通帳の管理には細心の注意を！

相続争いの典型例と言っても過言ではないのが、「生前、故人の預金を相続人が横領していたことが発覚する」ケースです。

親に介護が必要な状態になると、親の通帳・印鑑・キャッシュカードを同居している子供が管理するようになるのは珍しくなく、両者が同意しているなら法律上も問題ありません。**問題は相続が発生した後**です。親の通帳から引き出した現金の使い道がトラブルの火種となります。

「現金をどう使った」はブラックボックス化しやすい

親と同居している子供は、親の食費、医療費、その他介護に必要な費用の支払いのため、親の通帳から現金を引き出します。そんな中で相続が発生すると、他の相続人から「生活費や医療費にしては、現金の引き出し額が多すぎる！　ネコババして現金を隠しているんでしょ！」と疑われることがあります。疑われた方も黙ってはいません。「介護を私ひとりに押しつけたくせに！　いい加減にしてよ！」と憤慨し、相続争いに発展します。

通帳から引き出した現金の使い道を明確にするのは非常に困難です。領収書をすべて保管していない限り不可能です。ただ、私の経験上、「これだけ多くの引き出しを、すべて生活費で使い切ったと主張するのは無理があるでしょ……」という不自然な現金引き出しをしていた方がいるのも事実です。具体的に言えば、年間で1000万円近くとか。

80代くらいのお年を召された方は、すでに子育ても、住宅ローンの返済も終えられている方がほとんどです。そのような方にとって、**現金による支払いが必要で、かつ、内訳が不明となる出費というのは、非常に限られています。**水道光熱費や通信費、固定資産税の支払いが通帳から引落としになっている場合は、現金を使いません。医療費は、現金で支払うことも多いですが、所得税の確定申告における医療費控除の明細を辿れば金額と内訳を把握することができます。場合によっては健康保険の履歴を取り寄せることも可能です。施設に入っている方であれば、利用料の明細を取り寄せれば、生活費の金額と内訳を把握することができます。そうすると、**本当に現金で支払い、かつ、内訳がわからなくなる出費は、日常的な食費や旅行費くらい**しかありません。

それを踏まえると、「80代のお婆ちゃんが、年間で、食費や旅行費に現金1000万円を使った」という主張は、無理がありますよね。

同居している相続人が横領してしまう理由

「横領」とだけ聞くと、それをした人が100%悪い、と聞こえるかもしれませんが、私には一概に横領した人だけが悪いとは思えません（横領を推奨しているわけではないですよ）。

というのも、先述した**介護の苦労を救済するための寄与分という制度が、うまく機能していないことが一番の原因**だと考えているからです。

もしも、同居している親が何も相続対策をしないまま、認知症を発症してしまった場合には、遺言書の作成も生前贈与もできなくなります。介護をした相続人の苦労が報われるためには、相続が発生した後に、他の相続人に介護の苦労分を納得してもらうか、家庭裁判所で寄与分を主張する以外に方法はなくなってしまいます。

しかし、他の相続人は納得してくれる様子もなく、寄与分が認められるのも難しそうということが事前にわかれば、介護を献身的に行っている方は、横領する以外に自分の苦労を晴らす方法が無いのです。

当然、人の財産を勝手に自分のものにする行為は違法であり、許されることではありません。ただ、認知症の親の介護を付きっ切りでされている方のお話を聞くと、介護を手伝わない他の兄弟姉妹を不満に思う気持ちも大変よくわかります。このあたりを取り巻く法律がもっと柔軟化してくれることを願っています。

何もしていないのに横領を疑われたら？

本当に横領なんてしていないのに、他の相続人から横領を疑われてしまうケースも多々あります。

対策としてオススメしたいのは、簡単な帳簿を作成することです。

親から通帳の管理を任された場合は**「①現金でいつ、いくら引き出したか、②その現金を何に使ったか」を記録に残しておく**のです。本当に簡単な形で良いと思います。例えば、1冊のノートを買い、左側のページに現金引き出しの日付、金額、使い道をメモし、右側のページにレシートを糊やホチキスで貼っておく。これくらい簡単な形でも、横領をしていないことの立証には十分な効果を発揮します。

また、相続が発生する前から、お盆や正月等の家族が集まったときに、**「お母さんの預金はこんな感じで記録をつけて管理しているからね」**と、家族に伝えておけば、他の相続人も安心ですし、献身的に介護をしてくれていることに感謝の気持ちも増すでしょう。

現金の使い道は不明瞭になりがちです。簡単

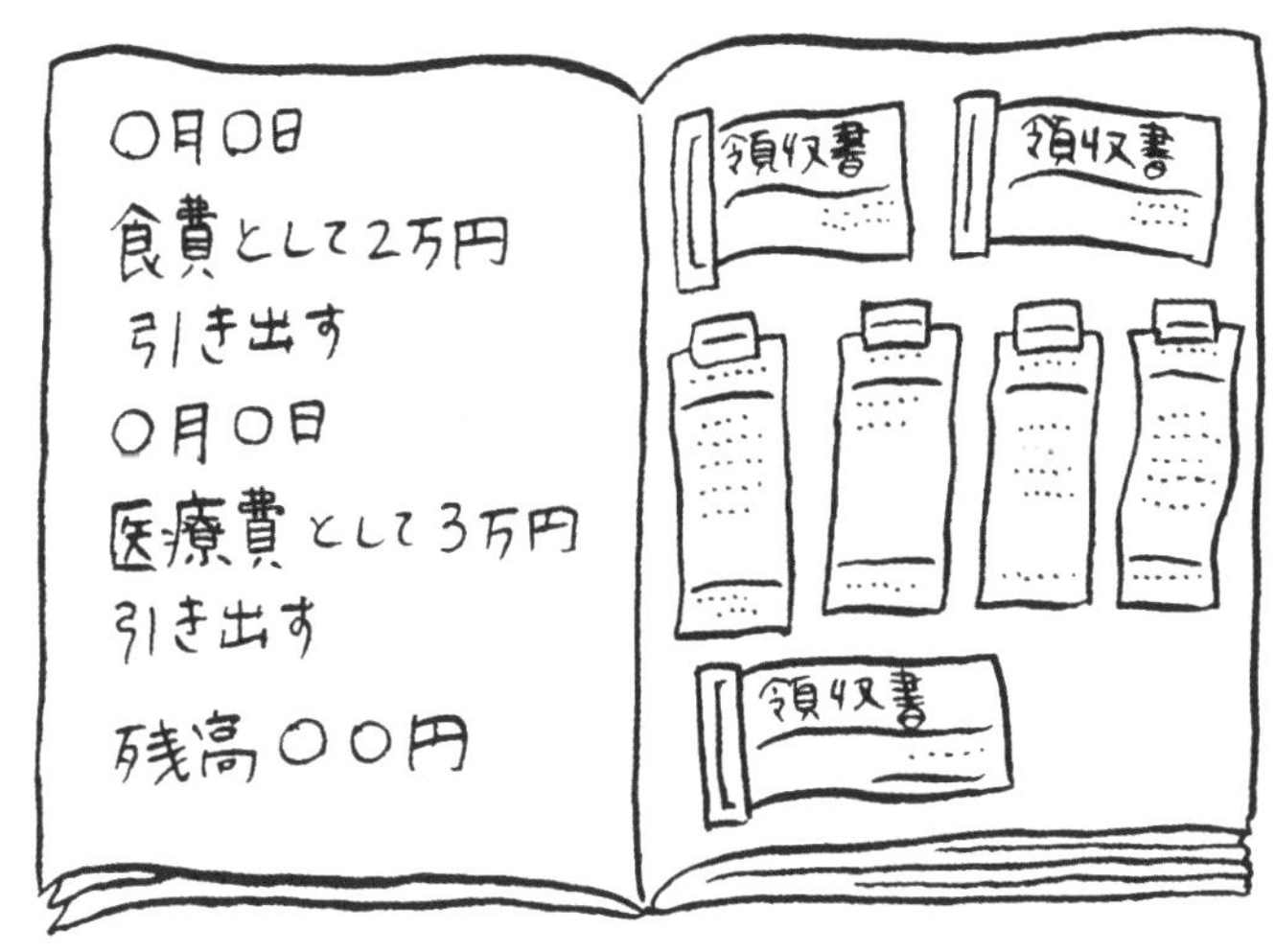

な形でも良いので帳簿を作成し、使い道をはっきりさせることによって、大きなトラブルを防ぐことができます。

「過去の繰越済みの通帳は既に処分してしまいました」という方もたくさんいると思いますが、銀行に依頼すれば過去の取引記録をもらうことができます。

ちなみに、相続発生後であれば、相続人は亡くなった方の過去の預金の取引記録（最長10年分）を、単独で銀行から取り寄せることができます（他の相続人の同意は必要ありません）。そのため、**「通帳さえ処分してしまえば、過去のことは誤魔化せるわ」という考えは、決して持たないようにしましょう。**

いずれにしても、相続争いを起こさないために、親の通帳の管理を任された際には、細心の注意を払いましょう。

＼ぶっちゃけ／

4 生前贈与は「遺産の前渡し」——3つの注意点

1億円の財産を所有する母と、A子とB太郎という子供がいました（父は既に他界）。母は、A子が新居を購入するにあたり、頭金の援助として**2000万円を生前贈与**しました。この時点で母の財産は1億円から8000万円に減少します。時は経過し、母が亡くなり相続が発生します。四十九日も過ぎたころに、A子とB太郎は、母の遺産の分け方について話し合いをすることにしました。A子は言います。

「お母さんが残した遺産は8000万円ね。法定相続分は2分の1だから、4000万円ずつ分け合いましょう」

しかし、それに対してB太郎は反論します。

「いやいや、姉さんは母さんから既に2000万円の生前贈与を受けているだろ？ **相続でも4000万円もらうなら、合計で6000万円もらうことになる**じゃないか！ それに比べて僕は4000万円しかもらえない。そんなの不公平だ！」

それに対し、A子は反論します。

「確かに生前贈与で2000万円もらったけど、生前贈与と相続は関係ないじゃない！ 遺産

8000万円は半分ずつよ」

この議論、皆さんはどちらが正しいかわかりますでしょうか？

正解は、B太郎の主張に軍配が上がります。

世の中の多くの方が、「生前贈与と相続は関係ない」と思っていますが、これは間違いです。**法律上、生前贈与で渡した財産は、遺産の前渡し扱いとなります。遺産分割協議の際は、その前渡し分を加味して分け方を考えなければいけません。**この前渡し分のことを、**特別受益**（とくべつじゅえき）と言い、特別受益を亡くなったときの遺産に持ち戻して相続分を計算することを、**特別受益の持ち戻し**と言います。

先ほどの例では、A子が生前贈与でもらった分を持ち戻して相続分を考えます。

【相続財産】遺産8000万円＋特別受益2000万円＝1億円

【法定相続分】1億円×2分の1＝5000万

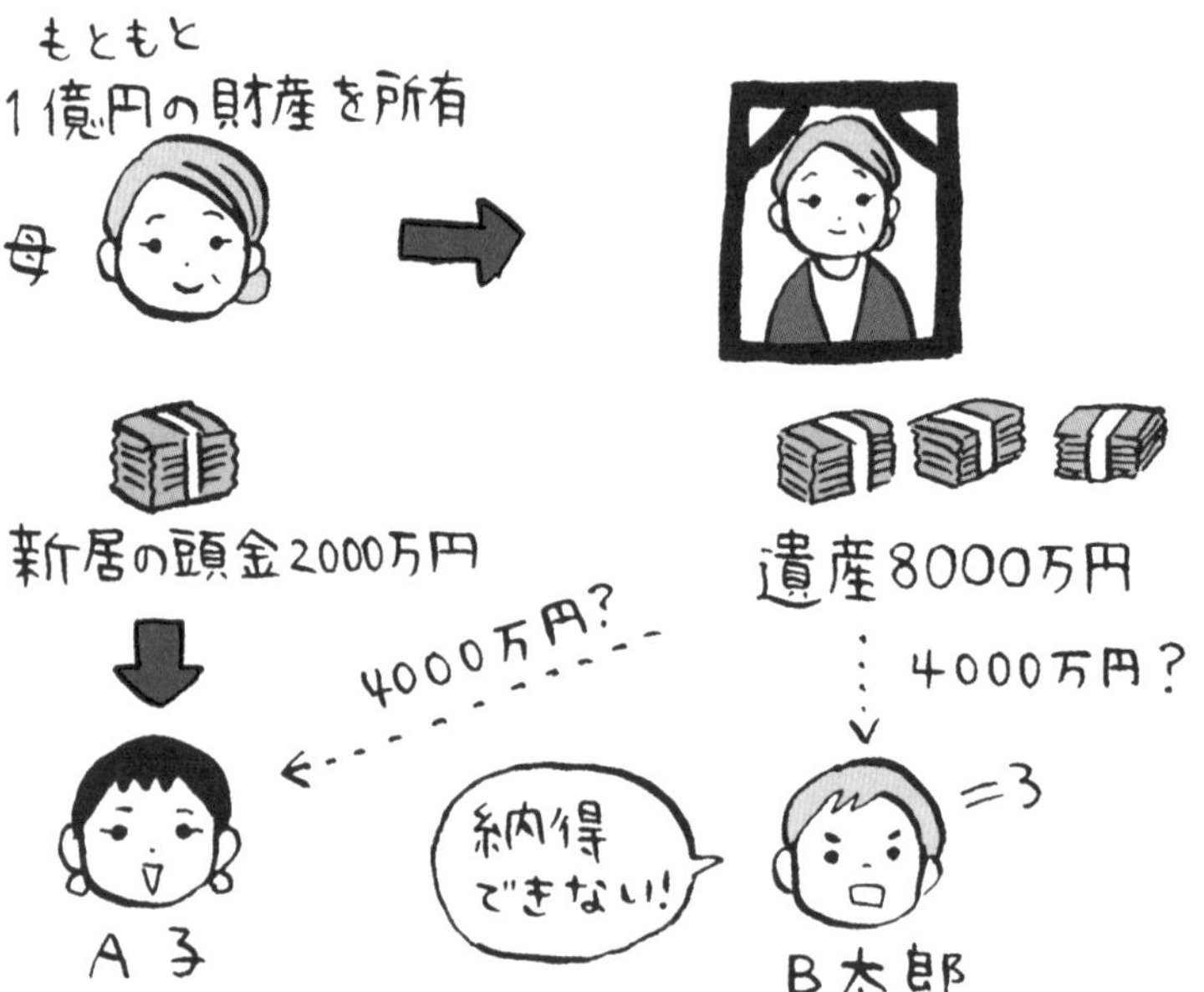

円

結果として、8000万円の遺産はA子が3000万円、B太郎が5000万円を相続する形になります。

（※遺産分割協議は原則として、両者の合意があれば自由に分け方を決めることができます。そのため、B太郎が「先に贈与でもらった分は持ち戻さなくていいよ」と納得するのであれば、4000万円ずつ遺産を分けても問題ありません）

特別受益の3つのポイント

この特別受益を巡るトラブルが後を絶ちません。これから生前贈与を検討している方、既に生前贈与をしている方は、特別受益の基礎知識をしっかり押さえておきましょう。①対象となる生前贈与、②時効、③持ち戻し免除の意思表示。この3点を解説します。

①対象となる生前贈与

親から子供に資金援助をしたとしても、すべてが特別受益になるわけではありません。特別受益の対象となる生前贈与とは、「親族間の扶養的金銭援助を超えるもの」です。言い換えると、**「家族として食費や学費、医療費等を負担してあげるのは当たり前の行為なのでノーカウント。そういった類を超える大きな贈与を特別受益と扱う」**ということです。

特別受益の代表例は、子供が新居を購入する際の頭金の援助です。

他にも、結婚の際の持参金や支度金も、金額が大きければ特別受益に該当します。

しかし、結納金や挙式費用を親が支出しても、一般的には特別受益には該当しません。結納金は、子に対する贈与ではなく、結納の相手方の親に対する贈与であり、挙式費用も、子に対する贈与ではなく、親と挙式会社との契約費用と考えられているためです。

また、大学等の学費については、兄弟姉妹の中で特定の子だけを医学部へ進学させ、その他の子をそれ以外の学部に進学させた場合等の学費の差が、特別受益に該当する場合もあります。

これは私見ですが、**相続税対策のために行う年間110万円の生前贈与等は、高い確率で、特別受益に該当する**と考えます（扶養的金銭援助を明らかに超えていますので）。

②時効

特別受益には時効という概念が存在しません。極端な話、**30年前でも40年前であったとしても、特別受益となる生前贈与がある場合には、持ち戻しの対象**になります。ただ、実際に何十年も前の生前贈与を立証するのは非常に困難です。「そんな贈与、知らないよ」としらを切られてしまえば、それまでになってしまうかもしれません。

③持ち戻し免除の意思表示

本来、特別受益となる生前贈与があれば、遺産分割の際、遺産に特別受益を持ち戻して相続分を決めるのが原則です。しかし、もしも贈与した人が、「生前贈与はするけど、私が死んだときに特別受益として持ち戻さなくていいよ」という意思表示をしていた場合には、持ち戻し計算は免除されます。これを**特別受益の持ち戻し免除の意思表示**と言います。先の例でいえば、母からA子に贈与した2000万円について、母が持ち戻し免除の意思表示をすれば、実際の遺産分割の際には4000万円ずつをA子とB太郎で分けることになります。

法律上、この制度は口頭だけでも成立するとされていますが、口頭だけだと「言った・言わない」の水掛け論になることが明らかなので、持ち戻し免除の意思表示をする場合には、その旨を書面に残したほうがいいでしょう。「うちの子供たちは平等にしないと揉めるかもしれない」と感じるのであれば、生前贈与分も加味したうえで平等に分配しましょう。

婚姻20年以上の夫婦間で行う自宅贈与は、特別受益の対象外に

2019年7月1日より、婚姻20年以上の夫婦間で自宅の権利を生前贈与した場合には、特別受益の持ち戻し免除の意思表示があったものと**推定**されるようになりました。例えば、夫名義の自宅土地建物の権利の一部または全部を、妻に生前贈与し名義変更をしていた場合には、夫に相続が発生した際に、妻に名義変更されている自宅の権利は、特別受益の持ち戻しの対象から外れることになります。この改正のポイントは「推定」です。**持ち戻し免除の意思表示があったかどうかにかかわらず、意思表示があったものとみなして、持ち戻しは免除**されます。

特別受益の考え方は、夫婦間の贈与にも適用されます。問題が起こりやすいのは、前妻との間の子と後妻の間柄です。夫から後妻に生前贈与が行われていた場合、前妻の子は相続できる金額が減るので、後妻に対する生前贈与を特別受益として扱うべきだと主張することがよくあります。

この改正には、高齢化社会を鑑みて、配偶者の生活保障をより手厚くしようという狙いがあります。相続争いは兄弟姉妹の間柄だけでなく、親子の間でも起こりえます。争いを避けるためにも、この民法改正の内容はしっかりと押さえておきましょう。

特別受益の主張ができなくなる!?

2023年4月より特別受益と寄与分のルールが変わります。

これまで「遺産分割はいつまでにしなければいけない」という法律がなかったため、遺産分割が超長期化してしまう例が後を絶ちませんでした。

そこで、2023年4月1日より民法が改正され、相続開始後10年経過すると、「特別受益や寄与分の主張ができなくなり、原則として法定相続分で遺産分割をしなければいけない」という新しいルールが適用されることになりました。そのため、**特別受益や寄与分の主張をする予定の方は、できるだけ早く動いたほうがいい**でしょう。

また、2023年4月時点で既に10年経過している場合には、2023年4月から5年間の猶予期間が与えられています。

＼ぶっちゃけ／

5

「母さんの相続で調整するから」を信じてはいけない

父と母、A男、B美の4人家族がいました。父に相続が発生し、遺産の分け方の話し合いで、A男は、母とB美に対して、「これから母さんの介護は僕がするから、**父さんの遺産はすべて僕に相続させてくれ。**その代わり、母さんが亡くなったとき、**母さんの遺産はすべてB美が相続していいから**」と言いました。

これに対してB美も「母さんの介護をしてくれて、将来、母さんの遺産は私が相続できるなら、その形でいいわ」と納得し、「父の遺産はすべてA男が相続する」という内容の遺産分割協議書に署名しました。

極悪非道なA男の振る舞い

しかし、A男は母の介護をすると約束したにもかかわらず、ほとんど実家に帰ってくることはありませんでした。B美は「約束と違う！」と憤慨しながらも、母の介護を一生懸命に行います。そして時は経ち、母が亡くなり相続が発生します。葬儀にやってきたA男は、B美に対して衝撃の一言を放ちます。

「母さんの遺産は、法定相続分通り2分の1ずつ相続するからな」

なんと、A男は父の相続の際に、「母の遺産はすべてB美が相続していいから、父の遺産はすべて自分が相続する」と約束したにもかかわらず、「そんな約束はしていない。証拠はあるのか？」と約束を反故（ほご）にしてしまいました！

かなり極端なケースですが、こうしたトラブルはとても多いです。

法律上、一次相続（父）の際に交わされた約束は、二次相続（母）の際に効力をまったく発揮しません。極悪非道なA男の振る舞いですが、法律的にはA男の意見が通ってしまうのです。

仮に、父の遺産が1億円、母の遺産が1億円、夫婦合計2億円の遺産があったとします。「父の遺産（1億円）をすべてA男が相続したなら、母の遺産（1億円）はすべてB美が相続するのが平等」しかし法律上は、このように考えません。相続は、あくまで亡くなった人、ひとりひとりの遺産額を基準として考えます。夫婦の遺産を合計した金額をベースにするわけではないのです。

B美が母の遺産をすべて相続するには？

このような事態を避けるためにも、一次相続の際は「次の相続でちゃんと調整するから」という約束を安易に交わすのはやめましょう。きちんと履行される保証はなく、「そんな約束していない」と言われてしまえばそれまでです。

ではどうするべきか。この形を実現させたいのであれば、**一次相続の際に「①母の遺言書の作成と②A男の遺留分の放棄」までを約束させる**必要があります。母が「私の財産はすべてB美に相続させる」という内容の遺言書を作成すれば、B美が母の遺産をすべて相続する権利を持つことになります。

しかし、先述した通り、A男には最低限の金額は必ず相続できる権利、遺留分（4分の1）があるため、A男が「やっぱり遺留分は欲しい」と言えば、B美はA男にその金額を渡さなければいけません。

ただ、この遺留分という権利は、A男が納得すれば、母の生前中に放棄させることができるのです。遺留分の放棄は、放棄をする人自らが家庭裁判所で手続を行い、家庭裁判所からの許可を受けて成立するので、**A男自らが手続することが前提**となります。

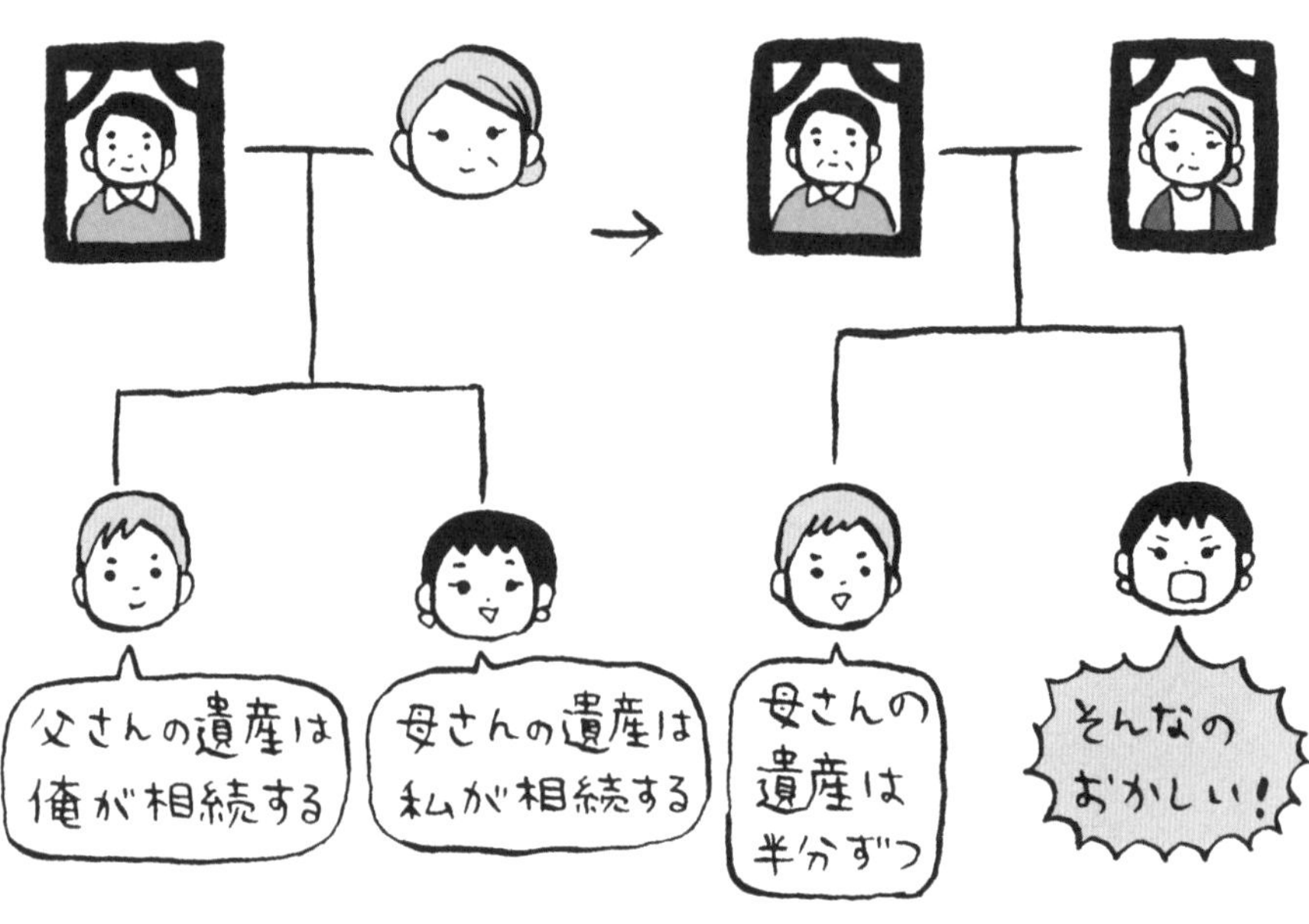

「一次相続で父の遺産をすべてA男が相続することの交換条件として、母の遺留分を今すぐ放棄すること」

この約束を実際に守らせれば、A男は母の相続時には何も主張できなくなります。

遺留分を放棄させるには?

ただ遺留分の放棄は、日本全国でも年間に1000件程度しか行われておらず、ポピュラーな制度とは言えません。家庭裁判所の判断によっては許可されないケースもあるので、弁護士等の専門家を交えて進めたほうがいいかもしれません。

ちなみに、**遺留分放棄の手続は、弁護士以外の専門家でも相談に乗ってくれます**(相続の専門家については264ページ参照)。いずれにしても、「次の相続でちゃんと調整しよう」という約束をきちんと守らせるためには、かなりの時間と労力が必要なのです。

＼ぶっちゃけ／

6

「言った・言わない」トラブルに効く遺産分割協議書

仲の良い家族ほど注意してください。遺産の分け方が無事に決まった後は、必ず、遺産分割協議書を作りましょう。遺産分割協議書とは、遺産分割の内容を証明する書面です。全員が同意した「遺産の分け方」を書面にし、相続人全員が署名押印することで完成します。

民法上、**遺産分割協議は口頭だけでも成立するとされています。**そのため、相続人全員が納得をしていれば、遺産分割協議書を作らなくても、遺産分割は成立します。しかし、仲の良い家族であっても、書面で遺産分割協議書を作っておかないと、後々になってトラブルになることがあります。

あるところに父、母、姉、弟の四人家族がいました。この度、父に相続が発生し、父の遺産の分け方について、3人で話し合いをすることになりました。このとき弟は、「父さんの遺産はすべて母さんが相続したらいいさ。姉さんもそれでいいだろ?」と言います。それに対して姉は、「んー。本来は法定相続分だと思うけど、まぁいいわ」と渋々承諾します。実は、母と姉は元々関係があまり良くなかったのです。

このとき「3人とも遺産分割の内容に納得しているし、わざわざ遺産分割協議書なんて水臭いものは作らなくていいや」と、遺産分割協議書は作りませんでした。さらに、**父名義の不動産の名義変更もせずに、そのまま放置**していました。

その後、時が経過し、母と姉の関係が悪化します。母は姉に対して「あなたには1円も相続させない！」と言いながら、「全財産を長男に相続させる」という内容の遺言書を残しました。

「口約束」を証明するのは難しい

そして母が亡くなり相続が発生し、遺言書の内容を姉と弟が確認します。その内容について姉はこう言います。

「『全財産』なんて言うけど、母さんは少しも財産なんて持ってないじゃない」

この発言について理解が追いつかない弟。

「え？　母さんは父さんから相続した財産が結構あるじゃないか？」

これに対して姉は言います。

「母さんが父さんから相続した？　父さんの遺産を誰が相続するかなんて、まだ決めてないじゃない？　現に父さん名義の不動産は父さんの名前のままだし。父さんの遺産の分け方は、これから私とあなたの2人で話し合いをして決めるのよ」

「いやいや。父さんの遺産はすべて母さんが相続するって、3人の話し合いで決めたじゃないか！ここにきて3人で決めた約束を無かったことにするのかよ？」

「証拠は？　話し合いをして私が納得したという証拠はあるの？　私は納得した覚えなんてないわよ？　そんな話し合いはしていないわ。文句があるなら裁判しましょ」

　このような形で争いが発生します。

　遺産分割協議は、確かに口頭だけで成立するのですが、後々になって「そんな約束はしていない」と言われてしまうと、口頭で遺産分割協議がされていたことを立証するのは極めて困難です。今回のケースにおいて、もし裁判を起こしたのなら、姉の意見が有利になるでしょう。こういった事態を避けるためにも、遺産分割の内容が決まったら必ず遺産分割協議書を作るようにしましょう。

　次ページは国税庁が公開している遺産分割協議書のサンプルです（年号は筆者が変更しています）。**遺産分割協議書とタイトルをつけ、誰が何を相続するかを明確に記載**しましょう。不動産は「自宅」のような抽象的な表記ではなく、登記簿謄本（とうきぼとうほん）に記載されている通りに書きましょう。そうでないと、不動産の名義変更をする際に、法務局で受理してもらえません。書面の作成はパソコンでＯＫです。氏名は印字（記名）でも構いませんが、**できれば直筆で署名**したほうがいいですね。**押印は必ず実印**を使うようにしましょう。

　また、「後日、この遺産分割協議書に記載されていない遺産が見つかった場合」の取り扱いを明確にしておきましょう。特定の相続人に相続させる場合は、その旨を書いておきます。そういった指定がない場合には、新たに見つかった遺産は、再度、相続人全員の話し合いで誰が相続するかを決めることになります。

遺産分割協議書

被相続人朝日太郎（令和二年一月二十三日死亡 住所武蔵野市南北町四丁目八番地）の遺産については、同人の相続人の全員において分割協議を行った結果、各相続人がそれぞれ次のとおり遺産を分割し、取得することに決定した。

一 相続人朝日花子が取得する財産
(1) 武蔵野市南北町四丁目八番
　宅地 参百弐拾八平方メートル
(2) 右同所同番地 家屋番号八番
木造瓦葺平屋建 居宅 床面積九拾九平方メートル
(3) 右居宅内にある家財一式
(4) ○○電力株式会社の株式 壱千株
(5) 株式会社○○製作所の株式 壱千五百株
(6) ……………

二 相続人朝日一郎が取得する財産
(1) 株式会社朝日商店の株式 四万五千株
(2) ○○銀行○○支店の被相続人朝日太郎名義の定期預金
壱口 八百万円
(3) ……………

三 相続人朝日次郎が取得する財産
(1) 株式会社朝日商店の株式 四万株
(2) ○○信託銀行○○支店の被相続人朝日太郎名義の定期預金 壱口 参百五拾万円
(3) 洋画○○作「風景」ほか四点
(4) ……………

四 相続人夏野春子が取得する財産
(1) 国分寺市東西町五丁目六番
　宅地 八拾九平方メートル
(2) ○○社債 券面額 六百万円
(3) 現金 七拾万円
(4) ……………

五 相続人朝日一郎は、被相続人朝日太郎の次の債務を継承する
○○銀行○○支店からの借入金

右のとおり相続人全員による遺産分割の協議が成立したので、これを証するための本書を作成し、左に各自署名押印する。

令和二年五月七日

武蔵野市南北町四丁目八番地
相続人 朝日花子 印

武蔵野市南北町四丁目八番地
相続人 朝日一郎 印

武蔵野市南北町四丁目八番地
相続人 朝日次郎 印

三鷹市上下弐丁目五番地
朝日次郎の特別代理人 山野太郎 印

国分寺市東西町五丁目六番地
相続人 夏野春子 印

不動産は登記簿通りに書く

預金や株式の情報も具体的に書く

実印が必要

PC作成OK

＼ぶっちゃけ／

7

よくあるトラブル①
後妻（夫）VS前妻（夫）の子

「後妻（夫）と前妻（夫）の子」は、相続トラブルが起こりやすい間柄です。

最大の理由は**「後妻が相続した財産は、将来的に後妻が死亡した際に、前妻の子は相続できない」**ことにあります。前妻の子と後妻が養子縁組をしていれば話は別ですが、そうでない場合、前妻の子に後妻の遺産を相続する権利は発生せず、後妻に子供がいればその子供が、後妻に子供がいなければ後妻の兄弟姉妹が遺産を相続します。

そのため、前妻の子には**「父が一生懸命築いた財産が、まったくの他人に渡ってしまうなんて許せない！」**という感情が芽生えます。そして、このような事態を防ごうと「父の相続で、できるだけ多くの遺産を相続してやる！」という姿勢になってしまうのです。これが、実の親子の間柄であれば、子からすると「母が相続した遺産は、将来、母が亡くなったときに、私が相続できるわけだから問題ないわ」という気持ちになるため、争いは発生しにくいと言えます。

事例を交えて、この問題への対策を考えていきます。

あるところにA男という男性がいました。A男は離婚した妻との間にC男という子供がおり、晩年にB子と再婚しました。A男の気持ちとしては、**「私が死んだ後は、B子が生活に困らぬよう、**

遺産の多くをB子に相続させてあげたいが、B子が亡くなったときに残った遺産は、B子の兄弟姉妹ではなく、私の子（C男）に相続させてあげたい」と考えていました。

A男の想いを実現させるためには、どのような方法があるでしょうか？

まず、B子に遺言書を作成してもらう方法があります。

A男から、「B子よ。私から相続した遺産は、B子が亡くなったときに、私の子（C男）に残すよう遺言書を作ってくれないか？」と伝えるのです。もし、B子が遺言書を作らなかった場合は、B子の遺産を相続できるのはB子の兄弟姉妹だけです。しかし、B子が「C男に財産を遺贈（いぞう）する」という旨の遺言書を作成すれば、C男が遺産を取得することができます。

（※遺言により相続人以外の人に遺産を渡すことを**「遺贈」**といいます）

トラブルは「心変わり」で起こる

ただ、この方法には弱点があります。それはB子の心変わりです。

遺言は何度でも変更が可能です。そのため、「A男さん。わかりました。あなたの大事な子供ですものね。私が死んだときには、C男さんに遺贈する旨の遺言書を書くから安心してくださいね」と言っていたとしても、A男が他界した後に、「んー。やっぱり、私の可愛い姪っ子に全部相続させちゃおう」と、約束を破り、遺言書の内容を変更してしまうかもしれません。

また、B子が約束通りの遺言書を作成したとしても、B子の兄弟姉妹がそのことを良く思わずに、

B子の相続のときに遺言書を破棄してしまうリスクもあります。こうなってしまうとC男は遺産をもらうことができなくなってしまいます。

それでは、A男が遺言書に、「私の遺産はB子に相続させるが、B子が亡くなったときの遺産は、C男に相続させる」と書いたとします。しかしこれは、現在の法律においては無効とされています。**遺言の力では、次の相続まで指定することはできない**のです。

トラブルに効くすごい制度

この問題を解決する方法として近年注目されているのが家族信託です。家族信託とは、その名前の通り、特定の財産を家族に信じて託す契約のことをいいます。詳しい説明はここでは割愛しますが、この**信託契約を使えば、A男からB子、B子からC男に相続させるという流れを、あらかじめA男が決めることが可能**です（これを受益者連続型信託といいます）。ちなみに家族信託に関するプロフェッショナルは司法書士です。弁護士でも詳しい方はいますが、登記が頻繁に絡むので、司法書士のほうが詳しい傾向にありますね。

いずれにしても、後妻と前妻の子の間柄は、争族が発生しやすいことは否めませんので、早めに何かしらの対策を講じておくことをオススメします。

＼ぶっちゃけ／

8 よくあるトラブル②　妻VS夫の兄弟姉妹

子供のいない夫婦は要注意です。相続人が配偶者と兄弟姉妹になるケースも相続トラブルが発生しやすい間柄と言えます。

A男と妻のB子がいました。A男に子供はいませんが、弟のC太がいます。A男は父から先祖代々大事に守ってきた土地を相続しています。

A男が亡くなり相続が発生すると、妻のB子に対して、C太（弟）が言います。

「この土地は、一族で先祖代々守ってきたもので、〇〇家の名前を後世に継がせるためにも私に相続させてほしい」

しかし、B子は「私が今住んでいるこの土地は、私の生活に欠かせないものなので、相続できないと私は不安です。私が死んだときに遺言でC太さんに土地をお返しすると約束しますから、この度の相続では私に相続させていただけますか？」と譲歩気味に伝えます。

これに対してC太は「いいや、だめだ。遺言はいくらでも書き換えられるし、その約束が守られる保証がない。この相続で土地を返してもらわないと困るんだ！」と反論。

こうなってしまうと大変です。このまま遺産分割協議が成立しない場合には、法定相続分は配偶者（妻）4分の3、兄弟姉妹（弟）は4分の1となりますので、妻が多くの遺産を相続することはできるのですが、相続する遺産の種類（自宅、金融資産 etc）を話し合って決めなければいけません。

そうなると、長期間、遺産が凍結されてしまう事態は避けられません。遺産が未分割である以上、その遺産を使うことは許されませんので、B子の生活に支障がでるかもしれません。（※自宅は遺産分割協議が成立するまで配偶者は継続して住んでいても問題ありません。詳細は72ページの配偶者短期居住権にて）

妻の生活を守る「遺言書」とは？

こういった事態を避けるためにも、先述した「後妻（夫）VS前妻（夫）の子」同様に、遺言や家族信託を活用した対策を講じておくといいでしょう。

先のケースとの違いとして、兄弟姉妹には遺留分がありませんので、**「妻にすべての遺産を相続させる」という、たった14文字の遺言書があれば、それで遺産分割は決まります。**その後、B子が土地を返還するかどうかはB子次第ですが、一旦はスムーズに相続を終えられるので、オススメです。

配偶者居住権で妻はずっと安心して暮らせる

2020年4月より、配偶者居住権という権利が新設されました。この制度は、**「亡くなった方の自宅の権利を、住む権利（居住権）と、それ以外の権利（所有権）に分離させて、住む権利は配偶者に相続させ、それ以外の権利は配偶者以外の相続人に相続させる」**というものです。具体例を交えて解説していきます。

「自宅は相続できたけど、生活費がない」問題

4000万円の預金と4000万円の自宅を持つA男がいました。A男には妻のB子と娘のC美がいます。B子とC美は親子ではあるものの仲は良くありませんでした。A男に相続が発生し、B子とC美で遺産の分け方について話し合いをします。

B子は言います。

「自宅はこれからも私が住みたいから私に相続させてほしいわ」

これに対してC美はこう答えます。

「いいわよ。その代わり遺産8000万円のうち、4000万円の自宅をお母さんが相続するわけだから、法定相続分2分の1に相当する4000万円の預金は、私がすべて相続するわね」

確かに、この度の相続においてはB子とC美の法定相続分は2分の1ずつです。4000万円の自宅をB子が相続するなら、預金4000万円はC美が相続することになります。しかし、これでは**B子が今後生活していくための金銭がありません。**これではB子が困ってしまいます。

バランスが取れるだけの金銭がないケースも想定されます。

例えば、A男が4000万円の自宅と1000万円の預金しか残していなかったら、C美は法定相続分2500万円を相続するために、自宅を売却してほしいと言うかもしれません。

自宅
4000万円
自宅は相続できたけど、
生活費がない!
預金
4000万円

いずれのケースにおいても、B子は今住んでいる自宅から退去せざるを得ない状況に追い込まれてしまうかもしれません。

高齢の方が新しい住居を探すことは、世の中の人が考えている以上に大変です。新たに住宅ローンを組むことも難しく、賃貸暮らしを始めるにしても、高齢の入居者を敬遠する家主が多いのも事実。サービス付き高齢者向け住宅を探すにしても、条件に見合う施設を見つけるには相当な時間とエネルギーを要します。

配偶者居住権とは？

そこで、配偶者をできるだけ手厚く守るために新設されたのが、この配偶者居住権という制度です。

先ほどの例で言えば、**自宅の権利を、住む権利（居住権）とそれ以外の権利（所有権）に分**

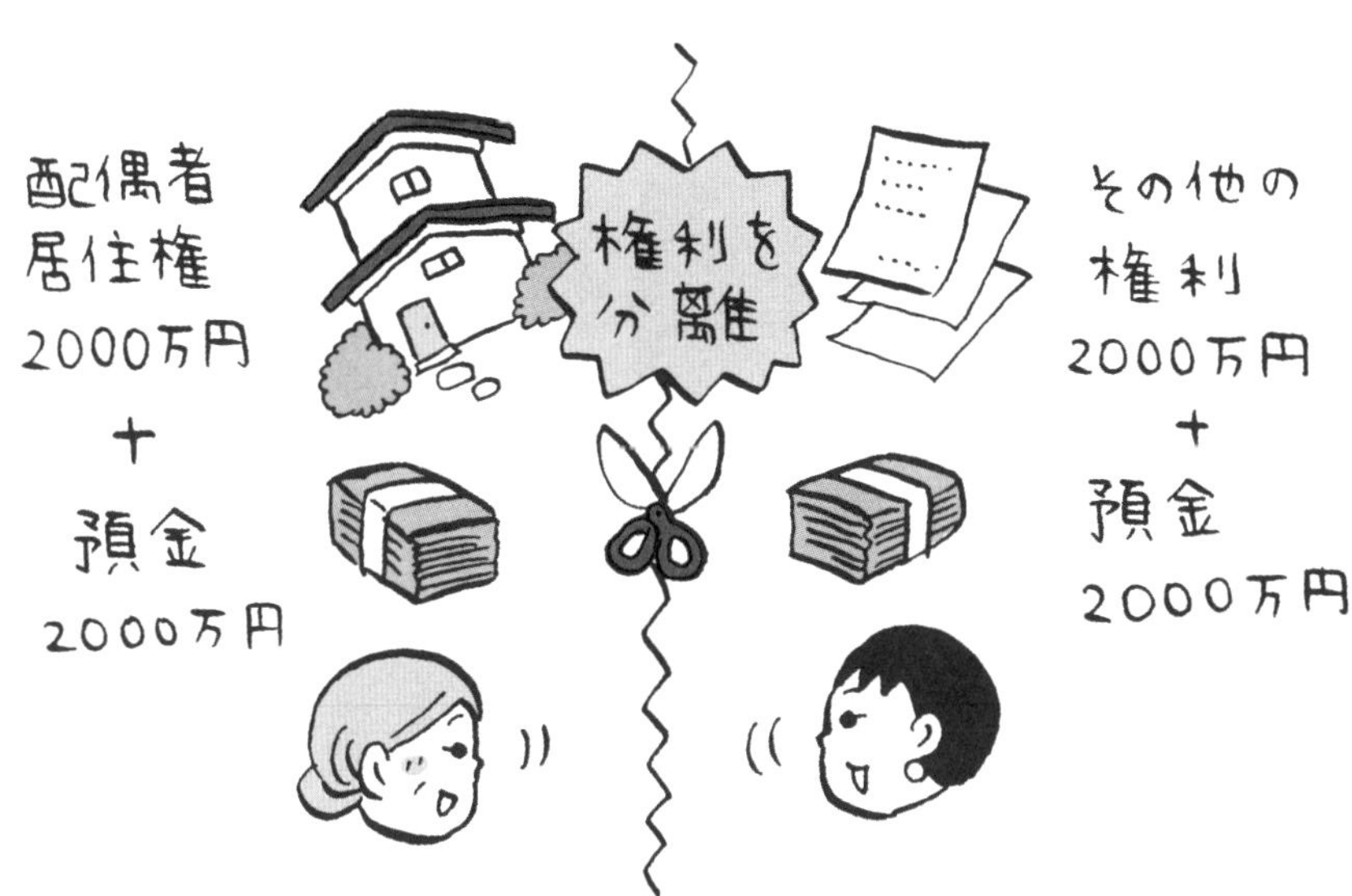

離させ、住む権利はB子に相続させ、それ以外の権利はC美に相続させるという形を選択できるようになりました（相続人全員の同意のもと、任意で設定できます）。仮に居住権の評価額が2000万円、それ以外の権利（所有権）の評価額が2000万円になったとしたら、B子は居住権2000万円と預金2000万円を相続し、C美は所有権2000万円と預金2000万円を相続。これで法定相続分通りになります。B子は住む場所と生活資金を確保でき、安心です！

一方、C美はどうでしょうか？「自宅の権利のうち、住む権利は母にあるわけで、それ以外の権利って具体的にどのような権利が残っているの？」と疑問に思う方も多いでしょう。

C美の権利としては、**将来その自宅を売却した場合に、売却代金をもらうことができる権利**があります。また売却するかどうかを選択する権利もC美が持っていることになります。

不動産は売却できる？

ちなみに、配偶者居住権が設定されている不動産であっても売却することは可能です。ただ、配偶者居住権が設定されているかどうかは、不動産の登記簿を見れば誰でもわかりますので、**配偶者居住権付きの不動産を買いたがる人が現れるかどうかは別問題**です。なお、所有権を相続したC美が、B子に対して家賃を請求することは禁止されています。

今回の事例では配偶者居住権2000万円、その他の権利（所有権）2000万円と半分ずつに評価を分けましたが、実際には、居住権の設定期間等によって居住権の評価額を算出することになります。設定期間が長ければ長いほど居住権の評価額が大きくなるわけです。設定期間は任意に決めることができ、期間の設定をしなかった場合には、終身（配偶者が死ぬまで）で設定されたことになります。

配偶者居住権を設定した後に配偶者が亡くなったら？

子供が複数人いるような家庭（ex 父・母・長女・二女）において、一次相続の際に配偶者に居住権を、その他の権利（所有権）を長女に相続させたとします。その後に配偶者に相続が発生した場合（二次相続）には、配偶者居住権は消滅し、長女が一次相続で相続していた権利（所有権）は、住む権利も復活し、通常の所有権の状態に戻ります。

ここでのポイントは、**二次相続の際に、長女と二女が話し合い等をしなくとも、自宅は長女の物になることが決まっている点**です。一次相続の時点でその他の権利（所有権）を長女が相続することが決まれば、二次相続の際には居住権の消滅を認識するだけなので、二女が「やっぱり私も自宅を相続したい」と言っても認められません。そういった意味では、一次相続の際は「配偶者居住権を設定するかどうか」だけではなく、「所有権を誰が相続するか」についても慎重に検討しなければいけないですね。

＼ぶっちゃけ／

10 短期？ 長期？ 配偶者居住権のポイント

配偶者居住権のポイントをさらに解説します。配偶者居住権は大きく2種類に分けることができます。

1つが**配偶者短期居住権**、もう1つが**配偶者居住権**です（長期とは言いません）。

配偶者短期居住権とは、相続が発生した日から6か月、または、遺産（自宅）の分け方が決まった日の、いずれか遅い日までの間、配偶者は自宅に継続して住み続けることができる権利です。

例えば、2024年1月1日に相続が発生し、2024年4月1日に自宅を子供が相続することが決まったとしても、2024年7月1日（相続発生から6か月）までは配偶者はその自宅に継続して住み続けることができます。

この場合、2024年4月1日に所有権を子供に名義変更したとしても、配偶者短期居住権によって、配偶者は、相続が発生してから最低でも6か月間は、その自宅に継続して住み続けることができます。

また、**遺産分割協議の内容に納得がいかなければ、納得するまでの間（6か月を超えても）、継続して自宅に住み続けることができます**（この場合、不動産の名義は亡くなった人の状態が継続されることになります）。

登記すれば、第三者に権利を主張できる

短期ではない配偶者居住権は、相続人全員が合意した場合や、遺言書で配偶者居住権を設定する指定がある場合等に設定することができます。

配偶者居住権は、登記をすることによって第三者に権利を主張することができます。**登記をしないと所有権を相続した人が勝手に自宅を売却し、新たに購入した人から退去を求められる可能性がありますので**注意しましょう。

自宅の管理はどうなるのでしょうか。固定資産税や軽微な修繕は配偶者が負担することとされ、大規模な修繕や増改築等をする場合は所有権を相続した人が負担することとされています。固定資産税の納税通知書は所有者宛に送られてきますので、いったんは所有者が支払いをし、その後に配偶者から精算してもらう形になります。

また、一度設定した配偶者居住権は、その後に消滅させることも可能です。設定期間が満了した場合や、配偶者が死亡した場合、建物が滅失した場合、所有者との合意があった場合などに、配偶者居住権は消滅します。

まだ始まったばかりの制度ではありますが、相続トラブルを防ぐ救世主になってくれると筆者は期待しています。

＼ぶっちゃけ／

11 遺産が借金だらけ！相続放棄はいつまでに何をすればいい？

亡くなった方が残した遺産には、プラスの遺産もあれば、借金などの負の遺産もあります。負の遺産には、プラスの遺産と異なるルールが存在するため注意が必要です。

まず、相続人は負の遺産を相続するかどうかを選択することができます。もし相続したくないのであれば、相続放棄という手続を家庭裁判所で済ませれば、負の遺産を一切相続しなくて済みます。ただ、相続放棄は負の遺産だけを放棄できるのではなく、プラスの遺産も放棄しなければなりませんので、良いとこ取りはできません。

相続放棄は3か月以内に！

相続放棄は、自分に相続する権利があることを知った日から3か月以内に手続をしなければなりません。 3か月を経過すると自動的に負の遺産も相続することを認めたことになります。

相続放棄があった場合、相続する権利は次の順位の相続人に承継されます。もし、子供全員が相続放棄をした場合には、亡くなった方の両親が相続人となるため、両親が負の遺産を相続しなければいけません。もし、その両親も相続放棄をした場合や、既に両親が他界していた場合には、亡くなった方の兄弟姉妹(もしくは甥姪)が相続人になるため、兄弟姉妹が負の遺産を相続することになります。兄弟姉妹が相続放棄をすれば、相続する人はいなくなるため、最終的に債権者が貸倒れ損失を被ることになります。このように、相続放棄の連鎖は、まるで小学校の頃に遊んだ爆弾ゲームかのように親族中を駆け巡るのです。

「知らない間に相続人になっていた」はあるのか?

なお、相続放棄の期限は、自分が相続する権利があることを知った日から3か月以内なので、「いつの間にか自分が相続人になっていて、気がついたときには相続放棄ができなくなっていた」という事態にはならないのでご安心を。ちなみに、特定の相続人が相続放棄をした場合であっても、家庭裁判所から他の相続人に対して、放棄があったことを通知することはありません。また、相続放棄をした相続人は、他の相続人に、そのことを伝える義務もありません。そのため、後順位の相続人(兄弟姉妹等)は、**債権者からの通知によって、初めて自分が相続人になっていたことを知るケースもあります。**

この場合には、その通知があった日が、3か月の起算日となりますので、そこから相続放棄の手続をすれば問題ありません。自分が相続人であることを知っていたかどうかは、あくまで自己申告がベースとなりますので、客観的に説明できる資料があれば、大事に保管しておきましょう。

注意点が1つ。**相続が発生してから相続放棄の手続を終えるまでに、少しでも自分のために遺産を使った場合には、その相続人は相続放棄ができなくなります。**このルールを知らずに遺産を使ってしまい、負の遺産を相続せざるを得なくなってしまうケースも実際に存在するので、注意しましょう。

（※遺産から葬儀費用を払った場合には、「自分のために使った」とは言えないため、相続放棄をすることができるという裁判例があります）

負の遺産を相続する場合は？

さて、亡くなった方が負の遺産を残したものの、プラスの遺産のほうが大きい場合には、負の遺産も含めて相続することを選択されるのが一般的です。不動産賃貸業等を営んでいた方が亡くなった場合には、借入金が残されていることもよくある話です。

負の遺産を相続することを選択した場合、負の遺産の分け方にはプラスの遺産と異なるルールがあります。負の遺産の分け方は、**①原則として法定相続分で相続人に帰属し、②債権者と相続人全員の同意があった場合には、遺産分割協議により相続する人を決めることができます。**

プラスの遺産の場合には、相続人全員の同意があれば好きな分け方にすることができましたが、負の遺産は相続人だけの問題では済まされず、お金を貸している債権者の権利も守らなければいけません。相続人の中で返済能力の乏しい人に借金を集中させたら、その分の借金を回収することが

相続放棄申述書の記入例①

受付印	相　続　放　棄　申　述　書
収入印紙　円 予納郵便切手　円	（この欄に収入印紙800円分を貼ってください。） （貼った印紙に押印しないでください。）

準口頭		関連事件番号　平成・令和　年（家　）第　号

○○○ 家庭裁判所 御中 令和 5年 3月 1日	申述人（未成年者などの場合は法定代理人）の記名押印	円満一郎　（円満）印

添付書類	（同じ書類は1通で足ります。審理のために必要な場合は，追加書類の提出をお願いすることがあります。） ☑ 戸籍（除籍・改製原戸籍）謄本（全部事項証明書）　合計 ○ 通 ☑ 被相続人の住民票除票又は戸籍附票 □

申述人	本籍（国籍）	○○ 都道府(県) ○○市○○町○丁目○番地			
	住所	〒○○○-○○○○　電話 ○○（○○○○）○○○○ ○○県○○市○○町○番○号　（　方）			
	フリガナ 氏名	エンマンイチロウ 円満一郎	(昭和)・平成・令和 ○年 ○月 ○日生（○歳）	職業	会社員
	被相続人との関係	※ 被相続人の………(1) 子　2 孫　3 配偶者　4 直系尊属（父母・祖父母） 5 兄弟姉妹　6 おいめい　7 その他（　）			
法定代理人等	※ 1 親権者 2 後見人 3	住所	〒　－　電話		
		フリガナ 氏名		フリガナ 氏名	
被相続人	本籍（国籍）	○○ 都道府(県) ○○市○○町○丁目○番地			
	最後の住所	○○県○○市○○町○番○号		死亡当時の職業	無職
	フリガナ 氏名	エンマンタロウ 円満太郎	平成・(令和) ○年 ○月 ○日死亡		

申述人（申立人）、被相続人の情報を記入します

（注）　太枠の中だけ記入してください。　※の部分は，当てはまる番号を○で囲み，被相続人との関係欄の7，法定代理人等欄の3を選んだ場合には，具体的に記入してください。

相続放棄（1/2）

（942080）

できず、債権者は泣き寝入りになってしまうかもしれません。そういったことを防ぐため、亡くなった方が不動産賃貸業を営んでおり、アパートローンがあるような場合には、遺産分割の内容について、銀行などの債権者からも承諾を得なければいけないのです。

いずれにしても、借金を残して亡くなってしまった場合は、考えるべきことや手続が増えてしまうことは間違いないので、可能であれば借金等の整理は早めにされることをオススメします。

相続放棄の申述書の記入例を載せましたのでご参照ください。申述書は裁判所のＨＰからダウンロードできます。

https://www.courts.go.jp/saiban/syosiki/syosiki_kazisinpan/syosiki_01_13/index.html

相続放棄申述書の記入例②

申述の趣旨
相続の放棄をする。

申述の理由		
※ 相続の開始を知った日…………平成・(令和) ○年 ○月 ○日 (1) 被相続人死亡の当日　　3 先順位者の相続放棄を知った日 2 死亡の通知をうけた日　　4 その他（　　）		
放棄の理由	相続財産の概略	
※ 1 被相続人から生前に贈与を受けている。 2 生活が安定している。 3 遺産が少ない。 4 遺産を分散させたくない。 (5) 債務超過のため。 6 その他	資産	農地……約　平方メートル　現金 預貯金………約　万円 山林……約　平方メートル　有価証券……約 100 万円 宅地……約　平方メートル 建物……約 20 平方メートル
	負債	………………………約 1000 万円

（注）太枠の中だけ記入してください。※の部分は，当てはまる番号を○で囲み，申述の理由欄の４，放棄の理由欄の６を選んだ場合には，（　）内に具体的に記入してください。

＼ぶっちゃけ／

12 凍結された銀行口座からでもお金を引き出せます

相続が発生すると、その方の預金口座は凍結されます。預金の払戻しを受けるためには、相続人全員の同意と印鑑が必要でした。そのため、「相続人同士の仲が悪い」「遠方にお住まいのため共同で手続ができない」ときなどは、故人の預金を引き出すことができず、当面の生活費や葬儀に充てるための費用を工面できませんでした。

そこで2019年7月より、預金の払戻し制度が始まりました。これにより、**相続発生後に凍結されてしまう銀行口座について、相続人の同意がなくても一定の金額を払戻すことができる**ようになりました。

一定の金額とは、各銀行の相続開始時の預金額に3分の1と、その相続人の法定相続分を乗じて計算した金額とされており、その金額が150万円を超える場合は150万円が上限となります。

例えば、相続人が子供2人であれば、各相続人の法定相続分は2分の1。仮に預金額が600万円であれば、600万円×3分の1×2分の1＝100万円となるので、100万円を払戻すことが可能です。もし、預金額が1200万円であれば、1200万円×3分の1×2分の1＝200万円となり、150万円を超えているので、払戻せる金額は150万円になります。また、遺産分割協議が難航し、調停や審判を行う場合で、家庭裁判所が必要性を認めた場合には、この金額を超える部分の引き出しも認めてもらえるようになりました（仮分割の仮処分の要件緩和）。

当初、使いやすそうな制度に思えたのですが、実際の手続には、法定相続分を明らかにするために、亡くなった方の出生から死亡時までの戸籍謄本と相続人全員の戸籍謄本が必要です。申請してから振込までに2週間以上かかる銀行もあるので、葬儀費用に充てるには間に合わないですね。

ただ、**葬儀費用のためではなく、当面の生活費の確保のためということであれば、とても有効な制度**と言えます。

なお、この払戻したお金を葬儀費用に充てる場合はいいのですが、もしも、相続人の自分の生活費に使った場合には、先に説明した通り相続放棄ができなくなってしまいます。そういった面でも、この制度の利用は慎重に考えなければいけないですね。

ちなみに、ちょっと悲しい話ですが、葬儀費用を誰が負担すべきかを争った裁判は過去にいくつかあります。裁判の結果、①相続前から葬儀社との間で負担者が決まっていた場合にはその人、②相続人の話し合いで負担者が決まればその人、③話し合いで決着がつかない場合には、喪主負担とすることが通例となっています。

このあたりの知識も持っておいて損することはないですね。

＼ぶっちゃけ／

13 円満相続の「3つのコツ」

ここまで、数々の相続トラブルが発生するメカニズムを紹介してきました。最後に、相続トラブルを起こさないためのコツを3つ紹介します。

①家族会議で相続後の方針を明確にする

相続が発生する前に、家族会議で相続の方針を明確にしておくことが円満相続実現に最も効果的です。

将来的に遺産を相続する子供の多くは、「遺産を1円でも多く相続したいから」ではなく、**「家族間で揉めごとが起きるのが嫌だから」相続の話をきちんと話しておきたい**、という気持ちを抱えています。

一方、肝心の親はどうでしょう。「相続なんて縁起の悪い話をするな！」「相続税だって、遺産の中から払えばいいだけじゃないか」「私が死んだ後のことなんて知らん」と、相続の話を極端に嫌う方がいます。確かに自分が死んだときの話は、気持ちの良いものではないかもしれませんが、人はいつか必ず天国へ旅立つときが訪れます。

相続の準備をきっちり行っていた方に対して家族は、「最後の最後まで、本当にしっかりした人でした」と尊敬の念を持たれます。しかし、相続の準備をまったく行わず、トラブルが発生してしまったら、「生前に対策はできたはずなのに……」と、後悔の念を持たれてしまうかもしれません。

「父が相続の準備をしてくれません。なんとか父を説得してくれませんか?」という相談を受けることもありますが、これは専門家の領域を超えていますので、お力にはなれません。

円満な相続を実現させるために行う家族会議は、決して縁起の悪いものではありません。子供から親に相続の話を切り出すのは、とても勇気がいることです。できれば親の立場から相続の話を切り出し、家族会議をリードしてあげてください。

②専門家に現状分析を依頼し、問題点を把握する

次は現状分析です。自分が死んだ後、「①遺産をどのように分けるのか、②相続税はどれくらい発生するのか、③当面の生活に困らないだけの資金は確保できるか」といった課題を予め把握する作業を指します。相続対策の人間ドックだと考えてください。

遺産の分け方を決める前に、まず、**そもそもどれくらいの財産があるのかを把握することが大事**です。預金や投資信託などは金額を把握することは難しくありませんが、不動産の評価額を算出するのは、少しハードルが高いかもしれません。また、相続税は遺産の分け方次第で何倍にも変わる税金なので、気持ちだけで分け方を決めるのは危険です。不動産については第5章、相続税については第3章で解説します。

多少の費用が発生したとしても、現状分析と問題点の把握については、各専門家に依頼することをオススメします。円満相続実現の大きな一歩につながります。

③相続人の間での秘密は極力避ける

よくあるケースとして「あなたに生前贈与をするけど、他の兄弟に言うと喧嘩になるから秘密にしておきなさい」と、他の相続人には秘密で生前贈与をする方がいます。他にも、特定の相続人を生命保険の受取人に指定し、そのことを他の相続人に秘密にしていることもあります。

本人たちとしては、**「言わなきゃバレない」と安易に考えがちですが、後々になって発覚することがよくあります。**特に、相続税の申告が必要になる方の場合、発覚する可能性は格段にあがります。相続税の申告書には、相続が発生する前3年以内に行われた生前贈与や、生命保険金の受取人とその金額をすべて記載しなければいけません。こういったことを知らずに、相続人間で生前贈与や生命保険の存在を秘密にしておくと、実際に相続が発生してから発覚してしまうのです。

もし、**特定の相続人に生前贈与などをするのであれば、先に紹介した家族会議の場で伝えておくことをオススメします。**もしも、そのことに異を唱える家族が現れたとしても、相続が発生する前に問題が表面化できたことをプラスと捉えるべきです。相続発生後に問題が表面化するよりも、相続発生前のほうが、親の考えをしっかりと共有できる分、解決は容易です。いずれにしても、相続人間の秘密は極力避け、透明性の高い相続対策を目指していくことが理想ですね。

第2章

遺言書をぶっちゃけます！

「遺言書さえ書けば万事解決」と考えている人が多いです。しかし、遺言書は万能ではありません。ルールに沿って書かなければ無効になり、また内容によっては相続トラブルの火種にもなるのです。大切なポイントをお伝えします。

＼ぶっちゃけ／

1 こんな遺言書は無効です！3つのパターン

一般的に活用されている遺言には大きく自筆証書遺言と公正証書遺言の2種類があります。厳密には秘密証書遺言や危急時遺言などの遺言もありますが、特殊遺言として説明を割愛します。

自筆証書遺言とは、その名前の通り、遺言の内容を自筆して作成するものです。最大のメリットは簡単に作れること。紙とペンと印鑑と封筒と糊があれば、すぐに完成させることができます。デメリットは紛失や破棄などの保管上の危険があることや、誤った書き方によって無効になる可能性があることです。

公正証書遺言は、公証役場という所で、公証人という法律のスペシャリストが本人の意向を確認して作成します。公証人の多くは元裁判官や検事です。

メリットとしては、遺言書を公証役場で預かってもらえるので紛失や破棄等の危険性が無いことや、書き方の誤りで無効な遺言になる可能性が無いことなど、安全性が高いことです。

デメリットとしては、作成に費用や時間、エネルギーがかかることです。費用は、遺言をする方の財産額によって変動するのですが、一般的なご家庭の場合でも5万～15万円くらいかかります。公証人は出張してくれることもありますが、その場合は日当と交通費がかかり、さらに本人が寝たきりの状態であれば基本料金が1・5倍になります。

ここでは自筆証書遺言について深掘りして解説していきます。まずは、自筆証書遺言が無効とされるケースをご紹介します。

よく見かける「無効」遺言書

①日付の無い遺言

問答無用で無効です。日付は特定できなければいけないので、年度の書き忘れや、〇月吉日のような表記も無効とされます。ちなみに、遺言は何度でも作り直すことが可能で、日付の新しいものが有効となり、古いものが無効となります。

②複数人の共同遺言

遺言を複数人で作った場合も無効です。「私たち夫婦は……」で始まるような遺言をイメージしてください。遺言はいつでも撤回や変更が可能ですが、共同遺言は一方の気持ちだけで変更することができないことから、共同遺言そのものが無効とされています。

③ビデオレター遺言や音声遺言

現行法において、遺言は必ず書面に残す必要があります。ビデオレターやボイスレコーダーに想いを残しても、効力がありませんので注意しましょう。ただ、書面の遺言書を作成したうえで、家族への想いをビデオレターで残しておくのは、相続争いを防ぐ意味で非常に良い方法だと言えます。他にも、**押印や署名のない遺言書、相続する財産の内容が不明確な遺言書なども無効とされる可能性が高い**です。

なお、完成した自筆証書遺言は封筒に入れて、実印で封をするようにしましょう。封筒に入れないと無効になるわけではありませんが、変造や破棄を防ぐためにも、封筒に入れてしっかりと保管しましょう。

勝手に開封してはいけません

次に自筆証書遺言の検認(けんにん)手続について解説します。自筆証書遺言は、相続発生後にすぐに開封してはいけません。家庭裁判所に封筒に入ったままの遺言書を持ち込み、他の相続人の立ち合いの下で開封する手続が必要です。この手続を検認といいます。

検認は、遺言書の内容や状態を明確にし、その後の偽装や破棄等を防止するための手続なので、遺言書そのものが有効か無効かを判断する手続ではありません。

検認する前に開封してしまうと5万円以下の罰金が科せられる可能性があります。勝手に開封してはいけないのですが、もしも、検認前に開封してしまった場合でも直ちにその遺言書が無効になるわけではありません。ただ、その後に、他の相続人から遺言書の変造等を疑われる可能性が高まるので、「遺言書を発見してもすぐ開封してはいけない」ということをしっかり覚えておきましょう。封筒に「すぐに開封してはいけません。家庭裁判所で開封してください」と注意書きを書いておけば安心ですね。

また、よく「私たちの家族は仲が良いので誰かが遺言書を偽造するなんてことはありません。わざわざ裁判所に行って検認するのも面倒なので、省略しても問題ないですよね？」という質問を受けます。

検認しないと大変です！

答えはＮＯです。理由は「法律で決まっているから」というのもありますが、検認をしないと、遺産の名義変更のときに苦労するからです。

不動産や金融資産の名義変更の際には、法務局や銀行に遺産分割協議書か、遺言書を提出し

なければいけません。その際、**検認を受けたことを証明する検認済証明書がなければ、自筆証書遺言を提出することはできません。**検認をしないままでいると、後々の名義変更の際に、検認済証明書を取得するための戸籍一式を用意したり、家庭裁判所に足を運ぶ手続が必要になったりと、いろいろ苦労することになってしまいます。このようなこともあるので、検認は相続が発生してから速やかに行わなければいけないのです。

ちなみに公正証書遺言や、後述する遺言書の保管制度を利用すれば、検認は不要です。相続の際は、葬儀や法要、名義変更等で相続人は非常に忙しくなります。検認がなくてもよい状態にしてあげるのが理想的ですね。

＼ぶっちゃけ／

2 プロが作っても無効になる？ 公正証書遺言の落とし穴

公正証書遺言であっても絶対に安全とは言い切れません。公正証書遺言が無効にされた裁判例はたくさんあります。

例えば「遺言者本人が認知症等と診断されていた」「施設の介護記録や家族の証言などから、正常な判断ができない状態で作成された遺言書と認定された」といったケースが挙げられます。

「おいおい。そもそもそんな状態で公正証書遺言なんて作れるの？」と思う方も多いでしょう。

公正証書遺言の立ち合いを数多くしてきた私の経験からお伝えすると、実は、公正証書遺言は意外と簡単に作れてしまいます。

公証人とひと言に言っても、遺言作成に取り組む姿勢は、結構バラバラです。遺言書の内容を読み上げて「この内容でいいですね？　問題がなければ、ここに名前を書いてください」と、ささっと済ませる公証人もいれば、「遺言書を読み上げる前に、まず、あなたがどのような内容の遺言書を作りたいのか、今この場で言ってみてください」と内容を慎重に確認する公証人もいます。

裁判で無効とされた公正証書遺言のほとんどは、前者のようなプロセスで公正証書を作成したケースです。

公正証書遺言の作り方

ここで、公正証書遺言を作る流れを簡単に説明します。

まず公証役場に連絡して、どのような内容の遺言書にするかを伝え、遺言書の原案を作ってもらいます。その原案の内容に問題がなければ、日程を調整し、証人2名を連れて公証役場に行きます。公証人が遺言書を読み上げ、内容に問題が無ければ、本人が遺言書に署名して完成です。遺言書の原案を作る段階では、遺言者以外の人（家族や弁護士等の専門家）が代理で行うことも可能です。そのため本人は、公証役場に行き「問題ないです」とだけ言えれば、公正証書遺言は作れてしまうわけです。

ちなみに、**公証役場では遺言者本人が認知症の診断を受けていることなどは聞かれません。**また身元確認も、実印と印鑑証明書だけあれば

よく、実際に、**替え玉受験ならず替え玉遺言がされた事件も実在します。**

遺言書の安全性を高めるには？

安全性をより高めるためにできることを紹介します。それが、第1章でもお伝えした通り、遺言書を作成してから早い時期（できれば1か月以内）に、かかりつけの主治医から「この人の意思能力は問題ない」と診断書をもらっておくことです。万全を期すのであれば、遺言書を作成する前と後に、2回診断書を取っておけばより安心ですね。

遺言書を巡る争いの多くは、**「この内容は故人の本当の想いではない」**という、立証が非常に難しく、水掛け論になりやすいことが争点になっています。「どこからが認知症か」という線引きは曖昧で難しいですが、「少なくとも遺言作成時点において意思能力がはっきりあった」ことを立証するのは比較的容易です。転ばぬ先の杖として、家族の絆を守るためにも念には念を入れて対策する姿勢が大切です。

自筆証書遺言に多い「4つのトラブル」

2019年と2020年に自筆証書遺言の取り扱いを定めた法律が大幅に改正されました。自筆証書遺言にまつわるトラブルと、民法改正について解説していきます。

自筆証書遺言は、紙とペンと印鑑と封筒と糊があれば、いつでもどこでも簡単に作れます。しかし、**簡単に作れるために発生するトラブルもあります。**

①紛失

紛失したのが遺言を書いた本人であるなら、新しく書き直せばいいだけです（遺言書は日付の新しいものだけが有効なので）。問題は、相続が発生した後に、遺言書を預かっていた人が紛失してしまうケースです。よくあるのは「父は『遺言書を弁護士に預けている』と言っていたので、その弁護士を訪ねたのですが、その弁護士が先に亡くなっており、遺言書は見つかりませんでした……」というケースです。また、**相続人の誰にも内容を知られたくないからと、自分しか知らない秘密の保管場所に遺言書を隠す**人もいます。そのような遺言書は、相続発生後に誰からも発見されず、永久に秘密になってしまうこともあるので注意しましょう。

②偽造

実際にあった話ですが、あるところに、鈴木一郎（仮名）と鈴木二郎（仮名）という兄弟がいました。二郎は素行が悪かったため、父から遺言書に「全財産を一郎に相続させる」という内容を書かれてしまいました。父の相続発生後、二郎は一郎よりも早く遺言書を発見し、その内容を読み、このままでは自分が遺産を相続できないことを知ります。考えた二郎は、その遺言書の、一郎の「一」の字の上に、横棒を一本書き加えました。そうすると、その遺言書は「全財産を二郎に相続させる」に早変わり！　一郎は「生前の父と二郎の関係性からみて、そのような遺言書を残すはずがない。二郎が遺言書を改竄（かいざん）した」と訴えます。しかし、二郎は遺言書に書かれている内容は父の真意であり、改竄した証拠はどこにも無いと反論。結局、この裁判は非常に長い年月をかけて決着がつきました（一郎が勝訴したそうです）。

このように、自筆証書遺言は少しの改竄だけで、内容を180度変えることができるのです。こういった事態を防ぐために、相続人の名前の後ろには生年月日を記載するようにしましょう。例えば**「相続人鈴木一郎（昭和〇〇年〇月〇日生）」**のような形です。こうすれば簡単に改竄することはできません。

③破棄

自分に不利な内容の遺言書を見つけた場合、その遺言書を破棄してしまうケースもよくあります。本来、遺言書の改竄や破棄が発覚した場合、その人は、相続する権利を剥奪されるという非常に重い処分を受けます。さらに刑法上も、私文書偽造罪や私用文書等毀棄罪などの罪に問われます。しかし、遺言書を破棄された場合には、**【もともと遺言書が存在していたのに破棄された】ということを立証しなければならず、これを立証するのは極めて困難**です。法律の原則は疑わしきは罰せず。証拠も無く「破棄されたと思う」というレベルでは、結局泣き寝入りするしかないことになります。
こういった事態を防ぐためにも、自筆証書遺言の保管には細心の注意を払わなければならないのです。

④貸金庫

遺言書を銀行の貸金庫などに保管すると、いざ相続が発生したときに、貸金庫から遺言書を取り出せなくなることがあります。相続人が貸金庫を開けるためには、相続人全員の同意書か、遺言書が必要になります。しかし、肝心の遺言書が貸金庫の中にあれば、開けることができません。

銀行としても、特定の相続人が単独で貸金庫を開けることを許すと、他の相続人から「貸金庫の中身をネコババされた！　何で勝手に貸金庫を開けたんだ！」と訴えられるリスクがあります。そのため、**相続人全員の同意がないと貸金庫を開けられないようにしています。**なお、遺言書で遺言執行者という人を選任し、執行者に「貸金庫を開ける権限も与える」と指定しておけば、遺言執行者が単独で貸金庫を開けることができます（遺言執行者は相続人を指定することも可能です）。

しかし、せっかくこうした権限を与えられていても、肝心の遺言書が貸金庫に入れられてしまうと、権限が与えられていることを銀行の人に証明できません。結局、相続人全員の同意が必要になってしまいます。そのような事態を防ぐためにも、遺言書を貸金庫で保管するのはやめましょう。

＼ぶっちゃけ／
4
遺言書はすべて手書きでなくても大丈夫

２０１９年1月より、自筆証書遺言の作成方法が一部緩和されました。これまでは遺言書の最初から最後までをすべて自筆することが条件でした。しかし改正により、財産目録という部分については、代筆やパソコンを使用して作成してもよいことになりました。

また、預金通帳や登記簿謄本のコピーを財産目録として扱うことも可能です。ちなみに、財産目録に記載した「財産を誰に相続させるかを記載する部分」のことを本文と言い、**本文はこれまで通り手書きでないと効力が発生しません。**

従来、遺言書に不動産のことを記載するには、所在地や地番など、不動産を特定できるだけの情報を書かなければならなかったため、高齢の方にとってはなかなか大変な作業でした。

簡単になったからこその注意点

これからは不動産や預金口座の情報は手書きでなくてもよくなりましたので、自筆証書遺言の作成はだいぶ楽になります。なお、財産目録には必ず、署名と押印をすることが義務づけられており、

署名押印のない財産目録は無効とされるので注意しましょう。印鑑は認印でも有効ですが、実印で押印することをオススメします。

ただ、簡単になったからこそ気をつけなければいけないことが増えました。それが財産目録の改竄です。例えば、悪意のある家族が「お父さん、この紙に名前書いて」と、白紙に名前を書かせます。そしてその白紙の上から、「財産目録・金1億円」のように自分が将来欲しい財産を記載し、もともとの財産目録とすり替えてしまえば、結果として自筆証書遺言が改竄されてしまうことになります。

これを防ぐために、作成した遺言書は、後述する法務局の遺言書保管制度を利用するか、**遺言書と財産目録はホチキスや糊でまとめた上、割印しておくことをオススメ**します（割印はマストではありません）。

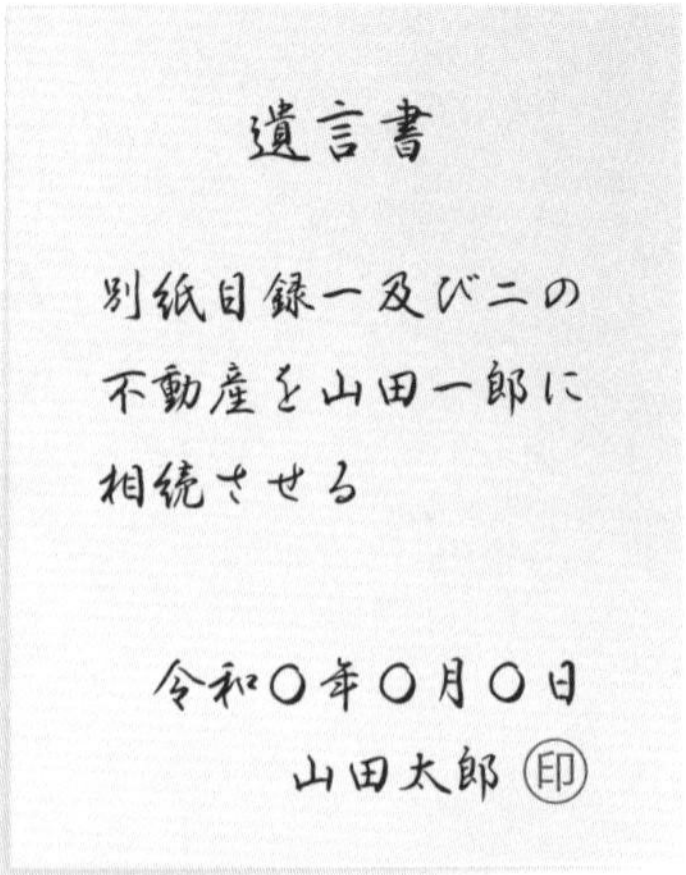

遺言書

別紙目録一及び二の
不動産を山田一郎に
相続させる

令和○年○月○日
山田太郎 ㊞

本文はすべて手書き

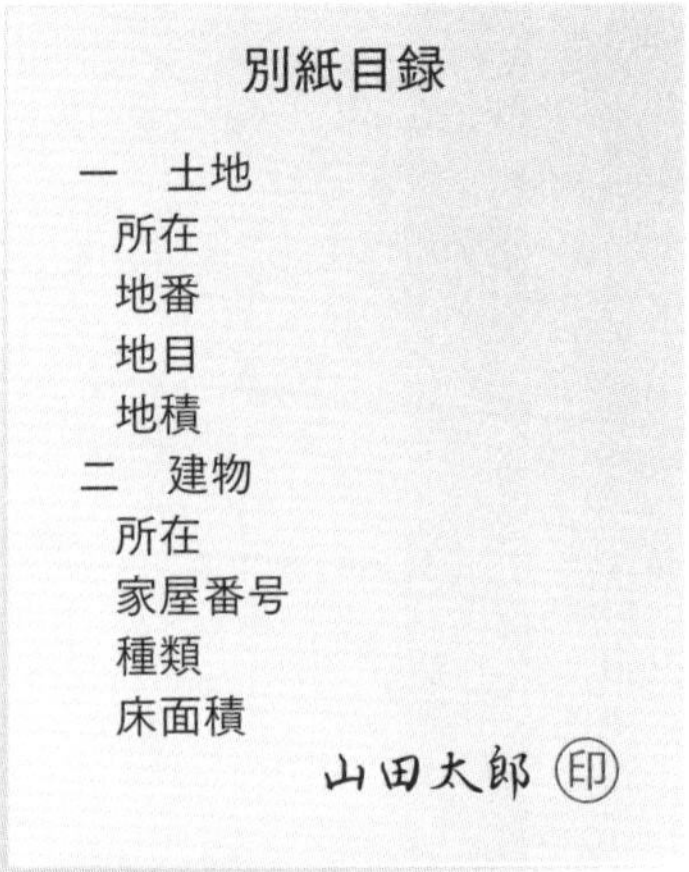

別紙目録

一　土地
所在
地番
地目
地積
二　建物
所在
家屋番号
種類
床面積
山田太郎 ㊞

財産の詳細（目録）は
パソコン等で作ってもOK

＼ぶっちゃけ／

5 遺言書の法務局保管制度を体験してきました

2020年7月10日より、自筆証書遺言を法務局に預けることができる制度がスタートしました。早速、私自身の遺言書も預けてきたのですが、率直な感想は「思ったより大変だったな」です。自分で遺言書を作成し、法務局の人が「氏名、日付、押印」があることを確認して、ぱっぱっぱと終わる手続かと思っていました。

しかし実際には、遺言書保管制度独自のルールがあり、一から書き直すことになったため、法務局に2回も足を運ぶことになりました。ここでは、遺言書保管制度の注意点を中心にお伝えします。

5つの書類を用意する

まず、遺言書保管制度は事前予約制です。予約を取らずに法務局に行っても保管できません。法務局は、ご自身の①本籍地、②住所地、③所有する不動産の所在地を管轄する法務局の中から選ぶことができます。予約は電話だけでなく、インターネットからでも可能です。予約が取れたら次に必要書類を準備します。

①自筆証書遺言
②申請書（法務省のホームページからダウンロード、または法務局の窓口でもらえる）
③住民票（本籍地の記載入り、発行から3か月以内のもの）※マイナンバーの記載は不要
④本人確認書類（マイナンバーカード、運転免許証など）
⑤収入印紙（３９００円）※収入印紙は法務局で売っているので、事前に買わなくてＯＫ

自筆証書遺言と申請書の書き方には、注意点がたくさんありすぎてここではすべてを解説できません。日付や氏名を書くことはもちろん、Ａ４の紙を使用することや、余白を残さなければいけないことなど、**遺言書保管制度独自のルールがあるので、必ず事前に保管制度の手引きを確認**しましょう。

参考：http://www.moj.go.jp/MINJI/minji03_00051.html

事前の電話確認がオススメです

わからないことがあれば、当日窓口で聞くより、事前に電話で確認しておきましょう。内容によっては、用意した遺言書をすべて書き直すことになるかもしれません。実際に私がそうでした。

私のケースでは、「私の財産のうち、所有する法人の株式を、相続発生時の会社役員に遺贈する」という内容の遺言書にしたかったのですが、保管制度を利用する場合、相続人以外の人に財産を渡

す（遺贈）場合には、渡す人を特定したうえで、その人の住所を登録しなければいけないそうです。そのため、「相続発生時の会社役員に」というくくりだと保管制度は利用できないのです。ちなみに、公正証書遺言であれば、このような書き方でも問題ありません。

遺言書の保管申請が受理されるかどうかは、法務局の人が事細かにチェックするため時間もかかります。私の場合には、窓口に行ってから手続が完了するまで1時間以上かかりました。次の予約の人も控えていますので、書き直しになった場合や必要書類に不備があった場合には、また別の日に予約を取り直して再度足を運ぶことになります。何度も足を運びたくない人は、事前に内容確認をしっかりと行わないといけませんね。

遺言書のコピーを忘れずに

無事に保管の申請が受理されると、**保管証**という紙が発行されます。「この紙は失くさないように」と言われますが、万が一、失くしてしまっても保管されている遺言書の効力が無くなることはありません。ただ、遺言書の書き直しや撤回をしたいときに手続が煩雑になるので、失くさないようにしましょうね。なお、遺言書の保管が受理された場合、**預ける遺言書のコピーなどは発行してもらえません。**そのため、どのような内容の遺言書だったかを忘れないようにするために、最終的に預ける前に、遺言書の写真を撮っておくか、コピーを残しておくのをオススメします。

保管制度を利用した人に実際に相続が発生した場合には、相続人は法務局にいき、保管されている遺言書の写しの発行を受けることができます。この場合、相続人のうちの1人が申請すると、法務局から他の相続人や受遺者（遺言によって財産をもらう人）に対して、遺言書が保管されている旨の通知が郵送されます。ゆくゆくは、役所に死亡届が出された時点で、役所から法務局にその情報を転送し、自動的にすべての相続人に通知されるしくみを導入するそうです。

ちなみに遺言書には付言事項という、法的な効力はないものの、家族への想いや願いを書くこともできます。これまでの感謝の気持ち等を遺言書に残すことによって、ちょっとしたサプライズの手紙にすることもできるかもしれませんね。

＼ぶっちゃけ／

6 遺留分を減らす「4つの方法」

遺言書を作成する上で必ず押さえなければいけないのが、遺留分にまつわる知識です。

序章でも触れましたが、**遺留分とは「相続人の生活を保障するため、最低限の金額は必ず相続できる権利」**のことを言い、原則として法定相続分の半分が保障されています。なお、相続人であっても、兄弟姉妹には遺留分がありません。

遺留分は、自分の遺留分が侵害されている遺言書があることを知った日から1年間で効力がなくなります。相続が発生した日から1年間と誤解している方が多いので、この点には注意しましょう。ただ、**知っていたかどうかは自己申告が基本**となり、水掛け論に発展しやすいので、遺留分の請求をするのであれば、できれば相続発生から1年以内に行ったほうがいいですね。また、2019年7月から、遺留分の精算は金銭で行うようにルール化されました。詳しく解説していきます。

A子という女性がいました。父は既に他界し、母と2人で暮らしています。A子にはB男という弟がいるのですが、B男は昔から素行が悪く、父の生前中に金の無心をしていたため勘当されていました。父が亡くなり、葬儀に来たB男は「俺も相続人だから遺産を相続する権利がある」といい、母とA子の意に反し、法定相続分の4分の1をB男が相続する結果になりました。母とA子は、このことを教訓にし、母に相続が発生したときには1円もB男に相続させたくないと考えました。

このような場合、母が遺言に「全財産をA子に相続させる。B男には1円も相続させない」と書いたとしても、B男には遺留分がありますので、B男が遺留分の主張をすれば、母の遺産の4分の1を相続することができてしまいます。

このような場合に「B男に対する遺留分を1円でも少なくすることはできないか？」という相談をよく受けます。本来、法律で守られている遺留分を意図的に減らす行為は、公序良俗違反としてすべて無効にされる可能性がありますので、ここで解説することは、あくまで参考にする程度に留めてください。ただ、相手方（B男）の遺留分を結果的に減らす方法はいくつか存在します。

①遺留分を生前に放棄してもらう

第1章でも紹介しましたが、母に相続が発生する前に、B男に遺留分を放棄してもらうことが可能です。この手続はB男自ら家庭裁判所に出向いて行う必要があるため、B男が遺留分を放棄することに納得しなければ実現できません。「遺産を相続できる権利を自ら手放すお人好しなんていないでしょ」と思われる方も多いと思います。実際問題その通りで、遺留分の放棄を無条件に応じてくれる人は稀です。そのため、実務では**「先に〇〇円の生前贈与をするから遺留分の放棄をしてほしい」等の交換条件を呑んでもらう形で、遺留分の放棄をしてもらうことが一般的**です（この点について、2024年から使い勝手が良くなる相続時精算課税制度を使えば、贈与税の負担なく贈与できるのでオススメです。詳しくは第4章）。裁判所としても、脅迫等で強引に遺留分の放棄を強要されるケースを防ぐためにも、遺留分の放棄を認めるには慎重に審査を行います。このようなことを踏まえると、現実問題として、少しでも多くの遺産が欲しいと考えているB男に、遺留分の放棄をさせるのは現実的ではないですね。

②生前贈与で遺産を減らす方法

2つ目の方法が生前贈与です。相続発生前に生前贈与で財産を渡しておけば、亡くなったときの遺産が減少するので、請求される遺留分の金額も減ります。しかし、第1章でお伝えした通り、生前贈与は原則として遺産の前渡し扱い（特別受益）になるので、過去の生前贈与も含めて遺留分を計算するのが原則的な取り扱いになります。これだと遺留分を減らす効果はないですよね。

ただ、第1章で特別受益に時効は存在しないと解説しましたが、遺留分を計算する場合の特別受益には時効があります。それが、亡くなる前10年です。**生前贈与をしてから10年を経過すれば、その財産は遺留分の計算に含めなくていい**のです。

ややこしいですが、生前贈与（特別受益）は、遺産分割協議をする場合には無制限に遡（さかのぼ）って持ち戻されますが、遺留分の計算をする場合には、過去10年限定で持ち戻されるということです。

ただし、遺留分を持つ人（B男）に損害を加えると知って行った生前贈与は、10年以上前でも持ち戻し計算の対象とされており、「損害を加えることを知って行った生前贈与」の線引きを巡る裁判も過去にたくさん行われています。

1つの線引きとしては、贈与時の財産の半分に相当する財産を生前贈与したケースが、「損害を加えることを知って行った生前贈与」と認定された判決があります。例えば「1億円の財産を持っている人が、5000万円の生前贈与をした」ということですね。ただ、この判断基準は本当にケースバイケースです。

特別受益の時効を狙うという方法は、そもそも10年の間に相続が発生するかどうかは誰にもわかりませんし、10年経っても持ち戻しの可能性が0ではないので、現実的ではありませんね。

他にも生前贈与によってB男の遺留分を減らす方法として、孫への生前贈与という考え方があります。例えばA子ではなくA子の子供（母から見たら孫）への贈与です。母が亡くなったときに孫は相続人ではありません。相続人でない人に対する生前贈与は、相続が発生する前1年以内に行われた贈与を除き、原則として遺留分の計算に持ち戻されることはありません。そのことからA子への生前贈与は10年かかるところ、孫であれば1年だけで時効になります。しかし、この場合でも「遺留分権利者に損害を加えることを知って行った贈与については時効を適用しない」という規定がありますので、確実性はありません。ちなみに、特別受益の持ち戻し免除の意思表示は、遺産分割協議には有効ですが、遺留分の計算上は無効です。

③養子縁組で法定相続人を増やす

法定相続人の人数が増えれば、1人当たりの法定相続分も減り、遺留分の割合も少なくなります。相続人がA子とB男だけであれば、B男の遺留分は4分の1ですが、もしも母がA子の子と養子縁組（いわゆる孫養子）をすれば、B男の遺留分は6分の1になります。

〈遺留分を減らす4つの方法〉

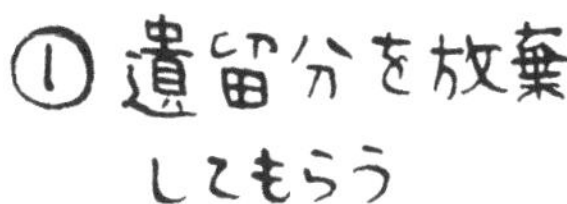

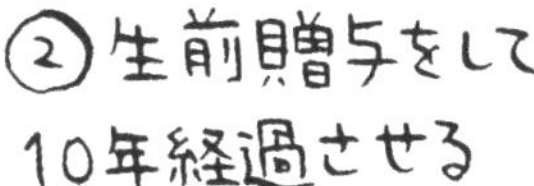

③養子縁組をする

④生命保険を活用する

しかし、このような養子縁組については後々B男から、「母と孫の間に養子縁組をする本当の意思は無く、A子が勝手に手続しただけだ」、あるいは「遺留分を侵害する目的で行った養子縁組は公序良俗に反するため無効だ」と訴えられる可能性があるので、相当な注意が必要です。

④生命保険を活用する方法

生命保険金は、他の遺産とはまったく異なる性質を持ちます。法律上、生命保険金は亡くなった人の遺産とは考えずに、受取人固有の財産として考えます。そのため、生命保険金は、原則として遺留分の計算の対象とされていないのです。

この性質を利用し、母が亡くなる前に、母の持つ預貯金を生命保険の保険料として払ってしまえば、その分、母の遺産は少なくなり、結果としてB男の遺留分も減少することになります。

ただ、この方法も完璧なものではありません。生命保険金は受取人固有の財産ではありますが、「他の相続人に明らかに損害を加えることを意図して加入したものについては、遺留分の対象とする」という過去の判例もあります。このケースは、全財産の半分くらいを保険料に充てており、「明らかに損害を加えることを意図して加入した生命保険」と認定されたのです。

いずれにしろ、遺言書を作成する以上、遺留分の取扱いには細心の注意が必要です。仲の良い家族の間であっても、**不動産や自社株式などの分割が難しい財産があると、意図せずに遺留分を侵害する内容の遺言書になるケースもあります。**心配な方は弁護士や税理士等に財産の評価額を算出してもらい、遺留分の侵害が起こっていないか事前に確認しておきましょう。

＼ぶっちゃけ／

7 プロにすべてを任せる遺言信託とは？

昨今、信託銀行を中心に遺言信託という商品の販売が進んでいます。**遺言信託は、銀行や信託銀行が「遺言執行者」として、遺言書の作成から保管、そして遺言の執行までをサポートするサービスです。**

相続が発生したとき、遺言書通りに遺産を分け、故人の想いを実現させる役割を担う人のことを遺言執行者といいます。遺言執行者に指定された人は、相続開始後、速やかに遺言の執行に着手しなければいけません。遺言執行者にはさまざまな権限が与えられています。例えば、不動産の名義変更や貸金庫の開閉、金融資産の解約・名義変更等を単独で行うことができます。

遺言執行者には特定の相続人や信頼できる弁護士等の専門家を指定することもできます。しかし、本人が亡くなる前に遺言執行者が先に亡くなってしまう可能性もあり、また、相続発生時に遺言執行者の事情によっては遺言執行できる状態ではないかもしれません。このような事態を防ぐため、遺言執行者は法人を指定することも許されています。大手の銀行や信託銀行を遺言執行者として指定しておけば、その銀行が倒産しない限りは、確実に遺言を執行してくれます。そういった面で、遺言信託は安心です。

また、遺言作成時には税理士や弁護士を交えて、最適な文案作成をサポートしてくれます。公証役場での証人も銀行の方がやってくれますので、丸ごと安心して任せられるのが良いですね。

しかしデメリットもあります。第一に**費用**です。遺言信託の費用は安くありません。銀行にもよりますが、最低でも100万円以上の費用は見ておく必要があります。さらに、相続税申告が必要な場合には税理士に支払う費用が、不動産の名義変更が必要な場合には司法書士に払う費用が、別途発生します。遺言信託の報酬の中に、税理士や司法書士費用等も含まれていると誤解している方が多いので注意しましょう。

第二に、**相続発生時に、相続人同士で争いが発生した場合、金融機関は遺言執行者を辞退してしまう可能性があります。**法律上、遺言執行者を引き受けるか辞退するかは、遺言執行者に指定された人が自由に決めることができます。特定の相続人が自分にとって不利な内容の遺言書があることを知った場合、その相続人は、遺言書についての訴えを起こすときは、相手方の相続人を訴えるのではなく、遺言執行者を訴えることになります。そのことから、遺言執行者を積極的に引き受けている金融機関は、訴訟を何件も抱えてしまうリスクがあるため、いざ相続が発生してから、「この相続は揉めそうだな」と判断した場合、早々に遺言執行者を辞退してしまうのです。故人の気持ちとしては、信頼して託したわけなので早々に辞退されては困ると思いますが、既に亡くなってしまっている以上、文句は言えません。

遺言信託をしておけば、金融機関が忙しい相続人の代わりに名義変更を粛々と行ってくれるので、手続としては非常に楽です。ただ、争いのない相続における遺言執行は、時間とエネルギーはかかりますが、そんなに難しくありません。コストを節約したい人であれば、相続人代表者を遺言執行者として選任しておくのも一つの手ですね。

遺言信託の契約をするのは、遺言書を残した本人なので、当然、相続人の同意は必要ありません。遺言書の存在自体を相続人に秘密にすることも一般的です。それゆえ、実際の相続の現場では、故人が生前に遺言信託の契約をしていたものの、いざ相続が発生したときに相続人が「余計な費用を払いたくない！」ということで、遺言信託の解約を請求するケースもあります。このような事態を防ぐためにも、できれば**遺言信託の契約の段階で、相続人にもその旨を共有しておくこと**をオススメします。

総じて、遺言信託にはメリットもあればデメリットも存在します。両者を比較し、必要な方は積極的に検討することをオススメします。

（単位：円）

<table>
<tr><th colspan="2">金融機関</th><th>某金融機関1</th><th>某金融機関2</th><th>某金融機関3</th><th>某金融機関4</th></tr>
<tr><td>契約時</td><td>手数料</td><td>330,000</td><td>220,000</td><td>330,000</td><td>330,000</td></tr>
<tr><td>保管時</td><td>保管料（年間）</td><td>6,600</td><td>6,600</td><td>5,500</td><td>6,600</td></tr>
<tr><td>変更時</td><td>手数料</td><td>110,000</td><td>55,000</td><td>55,000</td><td>55,000</td></tr>
<tr><td rowspan="9">執行時</td><td>5,000万円以下の部分</td><td>2.20%</td><td>2.20%</td><td>1.80%</td><td rowspan="2">1.87%</td></tr>
<tr><td>1億円以下の部分</td><td>1.65%</td><td>1.65%</td><td rowspan="3">0.90%</td></tr>
<tr><td>2億円以下の部分</td><td rowspan="2">1.10%</td><td>1.10%</td><td rowspan="2">1.10%</td></tr>
<tr><td>3億円以下の部分</td><td>0.88%</td></tr>
<tr><td>5億円以下の部分</td><td rowspan="3">0.55%</td><td>0.66%</td><td rowspan="2">0.50%</td><td>0.66%</td></tr>
<tr><td>10億円以下の部分</td><td>0.55%</td><td>0.44%</td></tr>
<tr><td>10億円超の部分</td><td>0.33%</td><td>0.30%</td><td>0.33%</td></tr>
<tr><td>グループ銀行預入資産</td><td>0.33%</td><td>0.22%</td><td>0.30%</td><td>0.33%</td></tr>
<tr><td>最低執行報酬</td><td>1,100,000</td><td>1,650,000</td><td>1,650,000</td><td>1,100,000</td></tr>
<tr><td>中途解約時</td><td>精算費</td><td>165,000</td><td>記載なし</td><td>220,000</td><td>記載なし</td></tr>
</table>

第3章

相続税をぶっちゃけます！

「相続税で家の財産を根こそぎ持っていかれる」。このイメージは誤りです。法に則って対策すれば、相続税を大きく減らすことができます。しかし中には「合法」と「違法」の線引きがグレーなものもあるので、要注意です。

ぶっちゃけ

1 相続税は高くない？ 実際に計算してみましょう

序章でお伝えした通り、相続税は「3000万円+600万円×法定相続人の数」という算式で計算した、基礎控除を超える遺産を残して亡くなった場合にかかる税金です。ここでは、相続税の計算を深掘りして解説します。

法定相続分通りに遺産を分ける

まず、遺産額が基礎控除を超えたら、その超えた金額に直接、相続税の税率を乗じるわけではありません。もうワンステップ必要になります。基礎控除を超えた金額は、各相続人が**仮に法定相続分で相続したものとみなした金額**で割

り振ります。例えば、遺産額が1億4800万円（法定相続人は妻と子2人）だった場合には、1億4800万円から基礎控除4800万円を引いた1億円という金額を、妻に5000万円、子にそれぞれ2500万円ずつと、法定相続分で仮の割り振りを行うのです。

そして、この各相続人に割り振られた金額に対して相続税の税率を乗じていきます。相続税の税率は下図の通りです。この図の控除額とは、税額計算を簡便に行うために設けられたものです。

結果、妻分が800万円、子供分が各325万円となります。

これを合計すると、800万円＋325万円＋325万円＝1450万円です。この1450万円が家族全体の相続税です。

そしてこの1450万円を、**各相続人が実際に相続した遺産の割合に応じて納税**します。遺

法定相続分に応ずる取得金額	税率	控除額
1000万円以下	10%	0
3000万円以下	15%	50万円
5000万円以下	20%	200万円
1億円以下	30%	700万円
2億円以下	40%	1700万円
3億円以下	45%	2700万円
6億円以下	50%	4200万円
6億円超	55%	7200万円

●取得金額が3000万円の場合
3000万円 ×15%（税率）－50万円（控除額）＝400万円

産分割協議の結果、各相続人が3分の1ずつ相続すると決めた場合は、1450万円のうち、3分の1である483万円ずつを各相続人が納税することになります。

遺産分割協議の結果、妻が2分の1、長男が0、長女が2分の1という分け方で決まった場合には、1450万円のうち、妻が725万円、長男が0、長女が725万円を納税することになります。

これが相続税の計算の流れです。まとめると次の通りです。

①遺産の合計額から基礎控除を引く
②仮に法定相続分で相続したものとみなした金額を割り振る
③割り振られた金額に、相続税の税率をかけて家族全体の相続税を計算する
④実際に相続した割合に応じて納税額を決める

実際に相続した遺産額に税率をかければシンプルなのに、なぜ、仮に法定相続分で相続したものとみなした遺産額に税率をかけるプロセスを踏むのでしょうか。

これは、遺産の分け方によって、**相続税の有利不利が出ないようにするため**です。もしも先ほどの家族が、遺産分割協議の結果、妻が全額相続すると決めたとします。そして、その金額に直接税率をかけてしまうと、1億円×30%－700万円＝2300万円となってしまいます。法定相続分で分けた場合の税額は1450万円だったので、850万円も相続税が増えてしまいました。

このようなことが起きると、遺産分割協議が相続税に大きく影響され、家族の本当の意向を変えてしまう恐れがあります。こういった事態を防ぐため、どのような分け方でも家族全体の相続税額が変わらないよう、「法定相続分で相

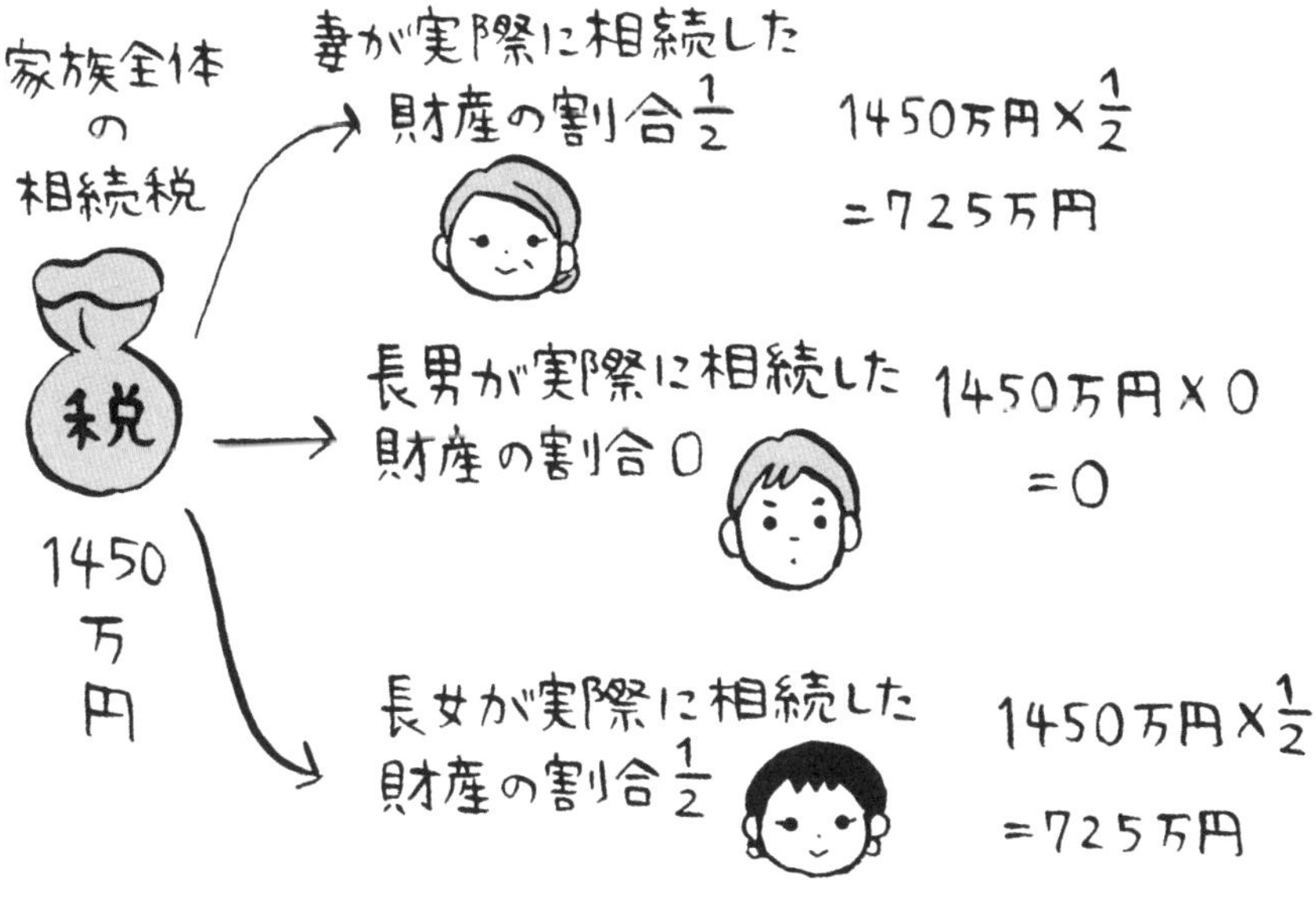

続したものとみなした仮の金額」に相続税の税率をかけているのです。

相続税対策の重要ポイント

この計算方法を踏まえて、相続税の重要な性質についてお話ししていきます。

それは**「相続税は相続人が多ければ多いほど少なくなる」**という性質です。相続税の計算は、相続人の数に基づいて計算する要素がたくさんあります。相続人の数が増えれば、その分、基礎控除も増え、さらに、相続税の税率も緩和されるため、相続税が大幅に減少するのです。

例えば、遺産1億円・相続人1人の場合、基礎控除3600万円を引いた後の6400万円にダイレクト（法定相続分1分の1）に税率をかけるので、最高税率は30％（相続税1220万円）。しかし、同じ遺産1億円でも相続人が2人の場合には、基礎控除4200万円を引いた後の5800万円を、法定相続分（2分の1）で割り振りした金額2900万円に対して税率をかけるので、最高税率は15％ですみます（相続税770万円）。**相続人が1人増えるだけで、最高税率が2分の1になることもある**のです。

このように、相続税は相続人が多いほど少なくなるという性質があり、この性質を利用すれば、さまざまな対策を打つことができるのです。

＼ぶっちゃけ／

2 相続税が8割引き！小規模宅地等の特例を使おう！

所得税や法人税といった税金は、基本的に誰が計算しても同じ金額になります。しかし、相続税は違います。**遺産の分け方によって無限ともいえる正解がある**ため、税金面と気持ち面のバランスがとれた最適解を探す必要があるのです。

なぜ遺産の分け方で相続税が何倍も変わってしまうのか。大きな理由が2つあります。**「小規模宅地等の特例」**と**「配偶者の税額軽減」**です。ここでは前者を説明します。

「小規模宅地等の特例」とは？

小規模宅地等の特例とは、**「亡くなった方が自宅として使っていた土地は、配偶者か、亡くなった方と同居していた親族が相続すると8割引きの評価額で相続税を計算してもいいですよ」**という制度です。5000万円の土地であれば、たった1000万円で評価できるという、減額の幅が非常に大きな特例です。ちなみにマンションの場合には、マンション全体の土地のうち、所有者の持分に対応する部分が8割引きになるので、戸建てよりは恩恵が少なくなる傾向があります。

この特例は「小規模」という名の通り、使える面積に限度があります。それが330㎡、つまり100坪です。ただ、100坪を少しでも超えると特例が使えなくなるわけではありません。100坪までは8割引きとなり、それを超える部分は通常の評価額で計算します。

地価の高い地域においては、この特例が使えるか使えないかによって、**相続税が何百万～何千万円と変わることもあります。**また、遺産の合計額が基礎控除を超えていたとしても、この特例を使えば基礎控除以下となり、結果として、相続税が0円になる人もたくさんいます（この場合、相続税の申告は必要です）。

ポイントを徹底解説！

小規模宅地等の特例を使うためのポイントを解説します。

この特例は、「自宅を誰が相続するか」で適用の可否が決まります。**特例が使える人は2人**です。**1人目は配偶者。**配偶者が自宅を相続した場合は、無条件で8割引きになります。**2人目は、亡くなった方と同居していた親族**です。

例えば、母が自宅を所有しており、その母と長男が同居していた場合、母から長男に自宅を相続させれば、同居親族として自宅（土地）の評価額は8割引きになります。これがもし、母とは同居していない二男が自宅を相続した場合には、8割引きにはなりません。また、仮に長男と二男それぞれ2分の1ずつ共有で相続した場合には、半分は8割引き、半分はそのままの評価額になります。

ちなみに、**特例を使える人が自宅を相続すると、遺産総額そのものが割り引かれて計算**されるため、結果として、自宅を相続しない人の相続税も減少することになり、win-win の関係になります。ただし、自宅に見合うだけの金銭等で調整しないと、二男は納得しないかもしれませんね。

この同居親族の取扱いについての質問をいくつかご紹介しましょう。

まず、「親との同居期間は、どのくらい必要ですか？」という質問です。答えは、**ほんの少しの期間でも問題ありません。**極端な話、亡くなる一週間前から同居を始めたとしても、この特例を使うことが可能です。ただそう聞くと、「親が亡くなる直前から実家に泊まり込んで、親が亡くなったら元の家に戻る形でも特例が使えるということですか？」と思いますよね。一時的な同居で特例を使おうという作戦です。残

「これ」をすると、特例が使えません！

②
住民票を移したから
大丈夫だろう

念ながら、それは認められません。

同居期間に制約はないものの、**相続が発生した後、相続税の申告期限（相続開始後10か月）まで、その自宅に継続して住み続けることが条件**となります。そのため、一時的な泊まり込みで、この特例を使うことはできません。

次は「親と住民票だけ一緒であれば、同居していたことになりますか?」という質問です。この答えはNO。住民票だけ一緒でも、同居していた実態がなければ特例は使えません。

裏を返せば、住民票が別でも、同居していた実態があれば、特例は使えます。**税金の世界は実態がすべて**なのです。

「税務署の人は本当に同居していたかどうかなんて調べられるの?」と思う方も多いでしょう。実は、調べることはできるのです。

もしも、相続税の税務調査に選ばれてしまった場合、同居の実態があったかどうかを徹底的に調べられます。

例えば、同居していた人の通勤定期の区間（親と同居していたなら、その最寄り駅と勤め先の区間でないとおかしい）や、水道光熱費の推移（同居を開始した前後の月で使用量の変動がないのはおかしい）、極めつけは近隣住民への聞き込みも行われることがあります。基本的に、プロ中のプロである調査官の目を欺くことはできないと考えてください（税務調査については、第6章で詳しくお話しします）。

配偶者も同居している親族もいなかったら？

特例が使える幻の3人目を紹介します。本来、小規模宅地等の特例は配偶者か同居している親族が自宅を相続すると8割引きになります。しかし、もしも配偶者も同居している相続人もいない場合には特別に、**3年以上借家暮らしをしていた親族が相続しても8割引きになります。**この取り扱いのことを税理士業界の中では、家なき子特例と呼んでいます。

ここでいう「借家暮らし」とは、基本的には第三者が家主である、純粋な借家のことを指します。自分の義理の父が所有する家屋を借りている場合や、自身で経営している法人の社宅に住んでいるような場合には、該当しません。

家なき子特例を使う場合には、「相続開始後、その相続した家に引っ越さなければいけない」という条件はありませんが、「申告期限まで売却してはいけない」という条件はあります。

1億6000万円の節税ノウハウ活用法

遺産の分け方で相続税が変わる2つ目の理由をお話ししていきます。小規模宅地等の特例を上回る影響があるのが、今から解説する「配偶者の税額軽減」です。

この特例は**「夫婦間の相続においては最低でも1億6000万円まで無税でいいですよ」**という制度です。夫婦の財産は、夫婦で協力して築き上げたもの。夫婦間の相続に相続税を課すのは酷であるという趣旨で設けられた特例です。

控除額が1億6000万円を大幅に超えるケースも！

最低でも1億6000万円と伝えた通り、場合によっては1億6000万円を超えて無税になるケースもあります。無税になる正確な金額は、**①1億6000万円と②配偶者の法定相続分のいずれか大きい金額**とされています。

例えば、遺産総額2億円の方の配偶者（子がいると仮定）の場合には、①1億6000万円と、②配偶者の法定相続分2分の1は1億円なので、①と②を比べると①のほうが大きいですよね。そのため配偶者は1億6000万円まで無税となります。一方で遺産総額4億円の方の配偶者の場合には、①1億6000万円と、②配偶者の法定相続分の2分の1は2億円なので、①と②を比べると②のほうが大きいですよね。そのため配偶者は2億円まで無税となります。

ここでよく、「私の財産は1億6000万円もありません。全財産を妻に相続させれば、相続税は0円ということですか?」という質問をいただきます。

答えはYESです。財産1億6000万円以下の方が全財産を配偶者に相続させた場合の相続税は0円になります(この場合も相続税の申告は必要になります)。

続けていただく質問が、「では、配偶者に全額相続させるのが一番有利ですね?」というもの。この答えはNOです。むしろ**一番不利になる可能性があります。**

遺産2億円

1億6000万円 > 2億円 × $\frac{1}{2}$ = 1億円

無税=1.6億円

遺産4億円

1億6000万円 < 4億円 × $\frac{1}{2}$ = 2億円

無税=2億円

配偶者の税額軽減は二次相続まで考えるべし

なぜ相続税が0円なのに、それが一番不利になるのか。

その理由は二次相続にあります。

一次相続で全財産を妻（配偶者）に相続させれば、確かに一次相続での相続税は0円です。しかしこのような分け方をすると、二次相続での相続税が非常に高額になります。

ここが相続税対策の最大のポイントです。**相続税は一次相続よりも二次相続のほうが割高になるのです。一次相続の税額が二次相続にスライドして繰り越されるのではなく、二次相続のときのほうが割高に計算されるのです。**そのため、二次相続でまとめて子に相続させようとすると、結果として相続税の負担が驚くほど増えてしまうのです。

なぜ、二次相続は割高なのか。理由は2つあります。

1つ目の理由は、「配偶者が元から所有している自分の財産の存在」です。妻が現役時代に働いて貯めた預金や、妻が両親から相続した財産などを指します。

一次相続で妻が夫の財産をすべて相続したとすると、二次相続では、妻が元から所有している自分自身の財産と、夫から相続した財産を合算した状態で相続税が計算されることになります。

相続税の税率は、遺産が多ければ多いほど高い税率で課税されるため、**遺産額が増えると、連動して税率も上がってしまう**のです。

2つ目の理由は「相続人の数」です。例えば、父、母、長男、二男の4人家族がいたときに、一次相続の相続人の人数は３人です。では、二次相続の相続人の人数は何人になるでしょうか？

そうです、２人です。一次相続では、母、長男、二男の３人が相続人ですが、二次相続では長男と二男の２人だけが相続人となります。

繰り返しになりますが、相続人が多ければ多いほど相続税は少なくなります。裏を返せば、**相続人が少なければ少ないほど相続税は多くなる**わけです。そのため、二次相続は一次相続よりも相続人の人数が少なくなるため、割高に計算されてしまうのです。

具体的な数字を使って見ていきましょう。父（財産１億５０００万円）、母（財産５０００万円）、子供２人の４人家族がいました。

一次相続（父）で全財産を子供が相続した場合には、一次相続の相続税は１４９５万円、二次相続（母）の相続税は80万円の合計１５７５万円となります（下図参照）。一方、一次相続

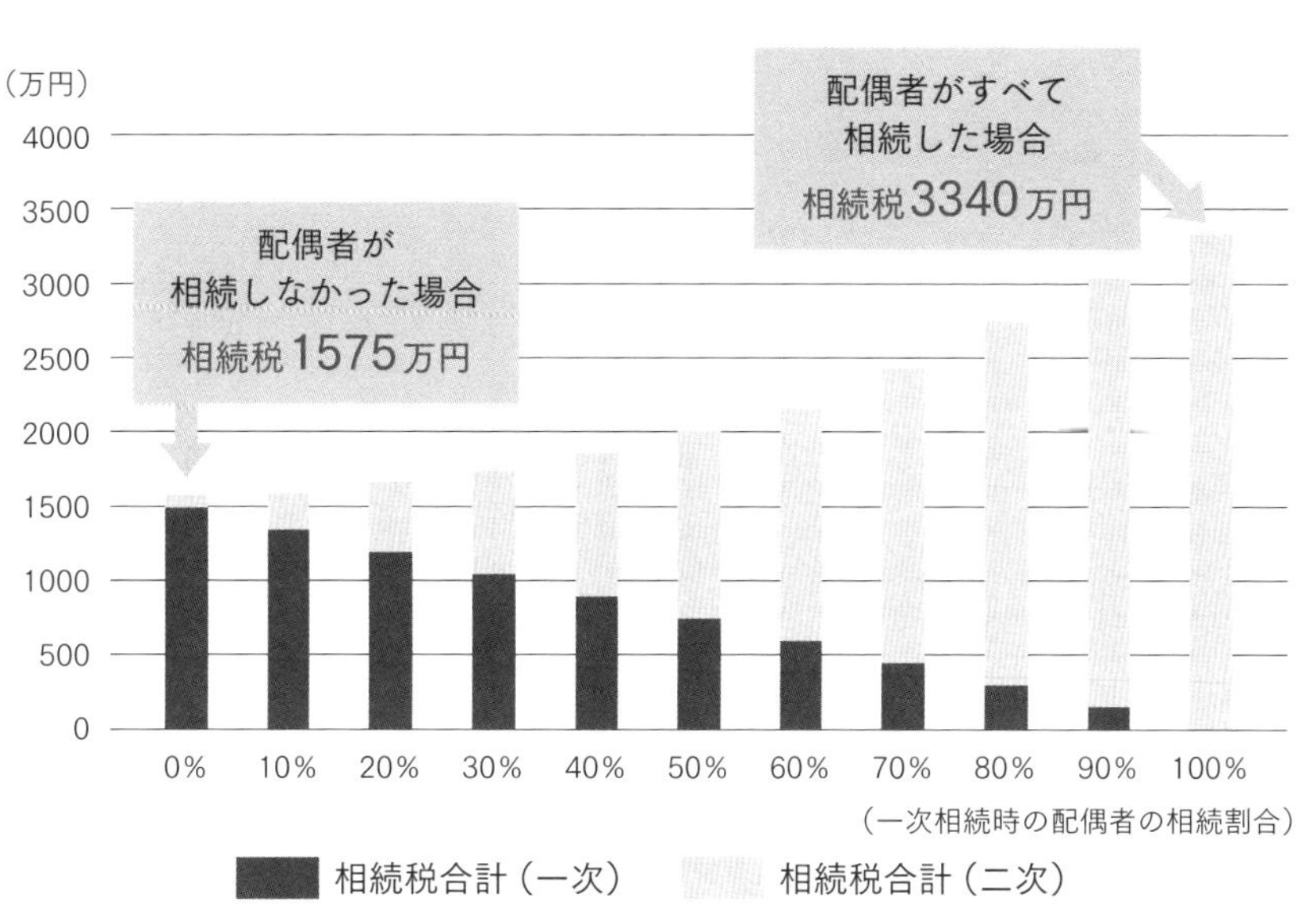

で全財産を母が相続した場合には、一次相続の相続税は0円、二次相続の相続税は3340万円、つまり合計3340万円となります。

その差は2倍以上です。二次相続がいかに割高に計算されるか、おわかりいただけたでしょうか。

しかし、この考え方は一次相続が発生してからすぐに二次相続が発生した場合が前提となっています。男性と女性の平均寿命の差もあり、一次相続が発生してから二次相続が発生するまでには、相当な期間が生じることもあります。一次相続発生後に配偶者がたくさん財産を使えば、二次相続の相続税は大幅に減少するので、一概にこの通りには計算されません。

遺産の「賢い」分け方

では、どう遺産を分ければいいのか。ポイントは次の2つです。

① 配偶者が「これからの生活に必要な金額」を相続する

② ①を超えた金額は子供が相続する

「これからの生活に必要な金額」は判断が難しいかもしれません。まずは「月の生活費30万円×12か月×（平均寿命－現在の年齢）」という式で必要な金額の大枠をつかんでください。そこから希望するライフスタイルに合わせて金額を調整していきましょう。

いざとなれば、子供たちから資金援助を受けることも可能ですが、「子供に頼りたくない」と考える親が多いのも事実です。重い病気を患ってしまっても、高額療養費制度があるので、医療費については過度に心配しなくても大丈夫です。

大きな出費となるのは、将来的に施設に入居するときの入居一時金です。最近は「入居一時金0円プラン」を採用している施設も増えましたが、場所によって入居一時金だけで1000万円以上かかる所もあります。このあたりも踏まえて、一次相続の遺産分割を決めることができれば、「将来も安心して生活でき、相続税も安くすむ」という非常に良い形になります。

さらに、一歩進んだ相続税対策の考え方をお話しします。「これからの生活に必要な金額」が固まったら、さらに少し多めに配偶者に相続してもらうことをオススメします。配偶者が多めに相続すれば、その分、一次相続の相続税が減ります（配偶者は1億6000万円まで無税）。多めに相続した分は、相続した後すぐに、生前贈与の特例や生命保険の非課税枠（135ページ参照）を活用して、二次相続における相続税の対象から外してしまうのです。二次相続税対策をするための余裕資金をあえて配偶者に相続させることで「一次相続も安く、二次相続も安く」と税金計算上は良いとこどりができるわけです。

配偶者の年齢にもよりますが、もし配偶者がまだ60代であれば、これから20年くらいかけて相続税対策を行うことも可能です。全財産を配偶者が相続し、最終的には相続税が0になるまで、対策するのもよいでしょう。**「夫婦間でどのくらい相続するべきか」は、相続税対策の中でも最も影響が大きく、大事な論点**です。

＼ぶっちゃけ／

4 養子縁組は即効性のある相続税対策

養子縁組をすると、相続人の数が増加します。相続税は相続人の数が多ければ多いほど減少するので、相続税対策にはとても効果的です。

また、養子縁組の手続は役所に簡単な書類を提出するだけで完了します。早ければ1日で終わるので、即効性のある相続税対策として度々注目されています。

例えば、財産1億円・配偶者無し・子1人の方が養子縁組をした場合、養子縁組前の相続税は1220万円ですが、養子縁組後の相続税は770万円です。半分近くまで相続税が減少しました。

相続人が増えると相続税が減少する理由は、「基礎控除の金額が増えるから」と思われがちですが、それ以上に、**「適用される相続税率が緩和されるから」という理由のほうが大きい**です。先ほどの財産1億円、相続人1人の場合には最大30％の相続税率で課税されますが、相続人が2人になれば最大15％の税率ですむのです。

ただ、相続税対策になるからといって、安易に養子縁組をするのはやめましょう。多くの副作用があるからです。

まず、養子縁組は相続トラブルを招くことがあります。例えば、長男と二男という2人兄弟がお

郵 便 は が き

料金受取人払郵便

渋谷局承認

2087

差出有効期間
2025年12月
31日まで
※切手を貼らずに
お出しください

150-8790

130

〈受取人〉
東京都渋谷区
神宮前 6-12-17
株式会社ダイヤモンド社
「愛読者クラブ」行

本書をご購入くださり、誠にありがとうございます。
今後の企画の参考とさせていただきますので、表裏面の項目について選択・ご記入いただければ幸いです。

ご感想等はウェブでも受付中です（抽選で書籍プレゼントあり）▶

年齢	（　　　）歳	性別	男性 ／ 女性 ／ その他
お住まいの地域	（　　　　）都道府県　（　　　　）市区町村		
職業	会社員　経営者　公務員　教員・研究者　学生　主婦 自営業　無職　その他（　　　　）		
業種	製造　インフラ関連　金融・保険　不動産・ゼネコン　商社・卸売 小売・外食・サービス　運輸　情報通信　マスコミ　教育 医療・福祉　公務　その他（　　　　）		

①本書をお買い上げいただいた理由は？
（新聞や雑誌で知って・タイトルにひかれて・著者や内容に興味がある　など）

②本書についての感想、ご意見などをお聞かせください
（よかったところ、悪かったところ・タイトル・著者・カバーデザイン・価格　など）

③本書のなかで一番よかったところ、心に残ったひと言など

④最近読んで、よかった本・雑誌・記事・HPなどを教えてください

⑤「こんな本があったら絶対に買う」というものがありましたら（解決したい悩みや、解消したい問題など）

⑥あなたのご意見・ご感想を、広告などの書籍のPRに使用してもよろしいですか？

1　可　　　　2　不可

※ご協力ありがとうございました。　【ぶっちゃけ相続【増補改訂版】】117880●3550

り、両親が、長男の子（孫）だけを養子縁組したとします。養子縁組をしなければ、長男と二男の法定相続分はそれぞれ2分の1ですが、養子縁組をしたことにより、長男と二男の法定相続分はそれぞれ3分の1に減少してしまいます。

長男からすれば自分の子が相続できるので得するかもしれませんが、二男からすれば自分が相続できる遺産が減ってしまうので大きく損することになります。

実際に、二男側が「養子縁組は両親の本当の気持ちではなく、長男が勝手にしくんだことなので無効」と訴えを起こすケースが非常に多いのです。養子縁組が有効になるか無効になるかは、**「当事者間に縁組をする意思があったかどうか」が最大のポイント**です。有効とされた判例も、無効とされた判例も、それぞれ数多く存在します。近年（２０１７年１月）では、相続税の節税目的で行われた養子縁組であっても、縁組をする意思も併存するとして、養子縁組が有効とされた最高裁判決があります。

養子の扱いは、民法と相続税法で大きく異なる

また、法律上、養子縁組は何人でもすることができます。極端な話、先ほどの例における長男に子供が3人いて、３人とも養子にすれば、二男の法定相続分は5分の1にまで減少します。

しかし、注意点があります。**相続税法上は、養子は相続人としてカウントできる人数に限度があるのです。**実子がいる場合には１人まで、実子がいない場合には２人までです。ただ、この人数制

限は、相続税を計算するときにだけ適用される相続税法上のルールです。法律（民法）上は、養子の人数制限はありません。

先ほどのように、3人の孫を養子縁組した場合、法律上は3人とも法定相続人となり、それぞれ法定相続分を有することになります。しかし、**相続税を計算する際は3人の養子は1人とカウントされる**ので、法定相続人の数は3人（長男、二男、養子）として計算します。養子を無制限に容認すると、相続税を簡単に0円にできてしまうので、このようなルールができました。

他にも、養子縁組をすると**「親権が養親に移る」点にも注意が必要**です。ここも誤解が多いのですが、養子縁組をしたからといって、もともとの親子関係がなくなるわけではありません。養子縁組をした後に、養親ではなく実親が亡くなった場合、養子に出した子も相続人になります（特別養子縁組の場合を除く）。つまり、**養**

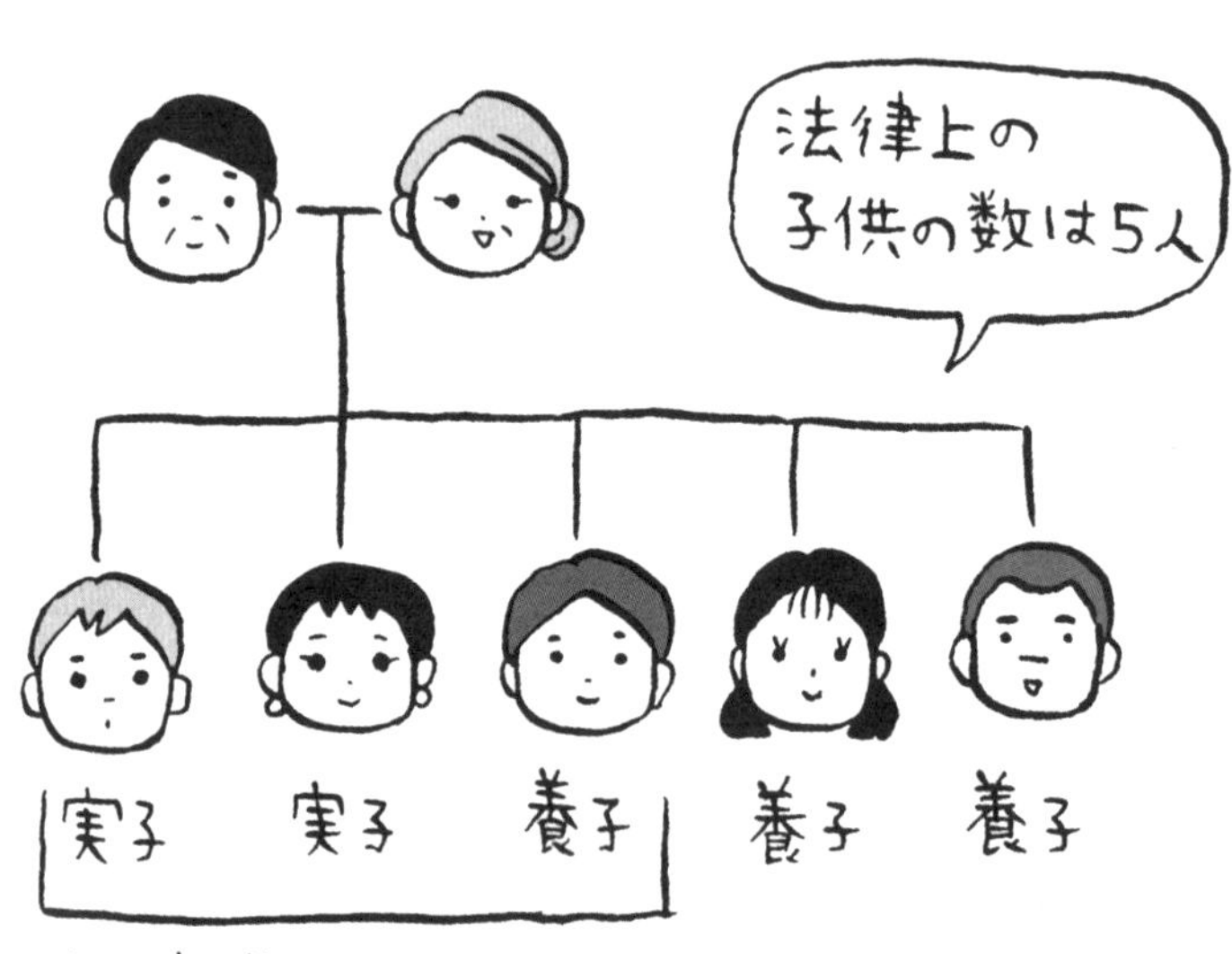

子は実親からも遺産を相続でき、養親からも遺産を相続できるわけです。この点は問題ないのですが、問題は親権の取扱いです。養子縁組した場合、親権は実親から養親に移ります。

未成年者の場合、親権が養親に移っている状態で、養親が亡くなると、親権者が不在になります。自動的に親権が実親に戻るわけではないのです。親権者不在となった場合には、未成年後見人を選任する必要があったり、親権を実親に戻すために死後離縁の手続をしたりと、かなり大変です。

さらに、孫やひ孫を養子縁組した場合は、**相続税の2割加算に注意が必要**です。相続税は、配偶者・子（代襲相続人である孫を含む）・親以外の人が相続する場合、通常の相続税の1.2倍の金額で納税しなければいけない「2割加算のルール」があります。このルールがあるので、兄弟姉妹が相続人となる場合や、遺言で親族以外に財産を残す場合には、相続税が2割増になるのです。

本来、2割加算は養子には適用されません。養子は法律上、実子とまったく同じと取り扱うからです。しかし、これを認めてしまうと、資産家一族は代々相続税を払うよりも、孫やひ孫を養子にし、代を飛ばして相続させたほうが圧倒的に有利になります。それを防ぐために、孫やひ孫を養子にした場合、養子であったとしても2割加算の対象とされています。

ちなみに、**子供の配偶者（婿や嫁）、甥っ子や姪っ子、友人知人を養子にしても2割加算にはなりません。孫とひ孫（直系卑属）だけ特別扱い**になっています。

ただ、2割加算は絶対に避けたほうが良いというわけではありません。会社オーナーや地主等の規模の大きい資産家一族なら、相続税が2割増しになったとしても、代を飛ばしたほうがよいケースもあります。

ぶっちゃけ

5 養子縁組すると、相続税が高くなることもある

配偶者も子もいないA男がいました。A男はビジネスで成功し5億円の資産を持っています。A男は5人兄弟の長男で、将来自分が死んでしまったときは、姪っ子に全財産を相続させたいと考えていました。A男は遺言書で「全財産を姪っ子に譲る」と書こうと思いましたが、どこかで聞いた「養子縁組は相続税の節税になる」という話を思い出し、姪っ子を養子にしようと考えました。

さて、養子縁組をした場合としない場合、どちらが有利か見ていきましょう。まず、養子縁組をした場合、相続人は養子1人で、相続税は1億9000万円です。養子縁組をしなかった場合、相続人は兄弟4人で、相続税は1億3248万円（2割加算済）です。5752万円も養子縁組をしなかったほうが有利になりました。なぜ養子縁組をしたのに、相続税は高くなってしまったのでしょうか。理由は相続人の数にあります。**養子縁組をしなければ、相続人は4人（兄弟）ですが、養子縁組をすると相続人は1人（養子）**になります。結果として相続人の数が減ってしまうので相続税の負担は増えてしまうのです。

養子縁組はメリットとデメリットが両存する諸刃の剣です。安易な養子縁組は避け、専門家を交えて、慎重に検討することをオススメします。

＼ぶっちゃけ／

6 生命保険の非課税枠の活用は、シンプルで効果抜群の相続税対策

最も簡単にできる相続税対策の1つとしてオススメしたいのが、生命保険の非課税枠の活用です。**生命保険金は、「500万円×法定相続人の数」だけ相続税が非課税**になります。

例えば、父と母、子供が2人いる家庭であれば、父が亡くなったときに「500万円×法定相続人3人」で1500万円が非課税になります。預金として遺産を残せば相続税の対象になるので、それに比べると随分お得な話です。

高齢者は保険に入れない？

生命保険と聞くと「高齢な人は加入できないのでは？」と思われるかもしれませんが、そのようなことはありません。90歳前後までで、入院中などの事情がなければ、健康診断無しでも加入できる生命保険が国内にあります。こういった生命保険は、減りもしないけれど増えもしない保険で、保険料を500万円支払ったら、将来保険金が500万円払われるような、「行って来い」の形になっています。

ただ、相続税はしっかり非課税になります。相続税の最低税率は10％。**相続税が発生する方であれば、最低でも保険金の10％分を節税できる**わけです。

また、基礎控除をギリギリ超えそうという方は、この非課税枠を使って基礎控除以下になることも少なくありません。この場合は、小規模宅地等の特例などと異なり、**相続税の申告自体が不要に**なります。税理士に依頼する費用や手間もカットできるので、基礎控除をギリギリ超えている方は、積極的に活用しましょう。

保険金の受取人は「子供」にすべし

ここからが大事な話です。

生命保険の非課税枠は、保険金の受取人を誰にするかによって、得する金額が変わります。さらに、**受取人を間違えると、逆に損する**こともあります。

生命保険の非課税枠は、保険金の受取額によって自動的に割り振られますので、相続人の話し合いで非課税枠を分け合うことはできません。

例えば、相続人が母と長男、二男でそれぞれ1000万円ずつ（合計3000万円）の保険金を受け取った場合には、非課税枠はそれぞれ500万円ずつ（合計1500万円）割り振られます。家族構成はそのままで、母は0円、長男と二男が1500万円ずつ（合計3000万円）の保険金を受け取った場合には、非課税枠は長男と二男に750万円ずつ割り振られる形になります。

では、生命保険の受取人は誰にするべきか。答えは子供です。

配偶者を受取人にしている方が多いですが、相続税対策をするのであれば、受取人は子供に変更しましょう。また、相続税対策上、一番よくない受取人は孫です。孫を受取人にしている方は、すぐに子供に変更しましょう。

なぜ配偶者よりも子供のほうが良いのでしょうか。

それは、夫婦間は最低でも1億6000万円まで相続税が無税になる「配偶者の税額軽減」があるからです。この制度のおかげで、そもそもほとんどの夫婦間には相続税が発生しないので、**生命保険金が非課税になっても、配偶者は恩恵を受けることができない**のです。

一方で、子供にはそのような特例はありませんので、ダイレクトに相続税の節税効果を享受できます。そのため、生命保険の非課税枠の恩恵は子供に使ってあげたほうが、家族全体で見ると得をするのです。

「孫」を受取人にしてはいけない理由

次に「孫を受取人にしないほうがいい」理由です。

そもそも生命保険が非課税になるためには、1つの大事な条件があります。

それは、**受取人が相続人であること**です。通常、孫は相続人ではありません（代襲相続や養子縁組をしている場合を除きます）。そのため、相続人でない孫が生命保険金を受けとっても、相続税は非課税になりません。非課税にならないどころか、先述した相続税の2割加算の適用を受けます。加えて、贈与税の3年（7年）内加算の対象になってしまうのです（詳細は第4章）。孫への生前贈与は税制的にとても有利なのですが、保険金の受取人になると、そのメリットがなくなってしまいます。

生命保険金の受取人の変更はすぐできます。相続税対策を目的として生命保険に加入されている方で、配偶者や相続人ではない孫を受取人としている方は、すぐにでも子供に変更しておきましょう。

生命保険の大きなメリット

生命保険は、他の財産と異なり、いざ相続が発生してから受取人が自分1人で申請をして、すぐにお金を受け取ることができます。預金な

どは、口座が凍結されてしまうと、相続人全員の印鑑がなければ引き出すことができなくなります。また、預金の払戻し制度（79ページ参照）はあるものの、亡くなった方の出生から死亡までの戸籍や相続人全員の戸籍謄本が必要になり、早急に資金を用意したい人には不向きな制度です。そういった意味でも、生命保険であればすぐにお金を確保できるため安心です。

また、生命保険金には他の遺産にはない特別な性質があるため、相続の際の潤滑油として役立ちます。それは、**「生命保険金は法律上、亡くなった方の遺産ではなく、受取人として指定されている人の固有の財産」**という性質です。

不動産や預金などと異なり、生命保険金はそもそも遺産ではないため、遺産分割協議によって分け方を決める必要はありません。そのため、もしも「あなただけたくさん生命保険金もらってずるいから、みんなで話し合って分け方を決めるべきだ」と言われても、法律上は、そういった言い分に応じる必要はありません。むしろ、**一度受け取った生命保険金を他の相続人に分けると、相続人間で生前贈与が行われたものとして、贈与税が課税される可能性があるため注意が必要**です。

このように、生命保険には、遺産分割を滑らかにする作用や、相続税を節税できる作用もあるため、私としてもイチ押しの相続税対策です。

第4章

贈与税をぶっちゃけます！

自分の財産を子や孫などに渡す「生前贈与」は、長らく相続税対策の柱でした。しかし2024年よりルールが大きく変わり、これまでの知識では間違いなく損をします。贈与税の基本から応用まで、大切なポイントをお伝えします。

＼ぶっちゃけ／

1 課税？ 非課税？ 生前贈与の境界線を教えます

2024年1月以降、贈与税の取り扱いが大きく改正されます。ただ、改正点を紹介する前に、贈与税の基本的なことをしっかりと理解していきましょう。

生前贈与が相続税対策になるのは有名ですが、しくみまで理解したうえで実行している方は多くありません。そもそも**贈与税は相続税を補完する目的で作られた税金**で、財産が承継されるときにかかる税金という意味では、相続税と同じ性質です。「贈与税は日本一高い税金」と言われることもありますが、多くの方が誤解しています。

この章では、贈与税の基礎知識から、応用的な節税対策までご紹介していきます。

年間110万円までは非課税です

まず、贈与税は財産を無償でもらったときにかかる税金ですが、年間110万円までは非課税とされています。この110万円の考え方は、もらった金額を基準に考えます。例えば2024年に父から110万円、母から110万円をもらったのであれば、もらった金額の合計額は220万円となり、110万円を超えるため贈与税が発生します。

一方で、もし父から長男に110万円、長女に110万円を贈与した場合には、それぞれ110万円以内に収まるため、長男にも長女にも贈与税はかかりません。また、これも多くの方が誤解していますが、**生前贈与は、配偶者や子供以外の人にも行えます。**例えば、孫や子供の配偶者（婿や嫁）にもOKですし、内縁の妻、友人や知人に対してもOKです。

1年間という期間は1月1日から12月31日までです。例えば2024年1月1日から12月31日までにもらった金額が110万円を超えていた場合には、次の年（2025年）の2月1日から3月15日までに、**財産をもらった人が贈与税の申告をして、納税も済ませなければいけません**（あげた人が申告するわけではない点に注意）。所得税の確定申告の期間と被っていますが、所得税と贈与税はまったくの別物です。よく「贈与を受けた次の年に、社会保険料や住民税、医療費の負担が上がることはありますか？」という質問をいただきます。

答えはNOです。いくら大きな金額の贈与を受けたとしても、社会保険料や医療費の負担が上がることは絶対にありませんのでご安心ください。また、勤め先に贈与を受けたことが伝わることもありません。

税務署にバレる？バレない？

ちなみに、「110万円を超える贈与を受けても、税務署にバレないいんじゃないか？」と思われる方も多いかもしれませんが、その考えは危険です。贈与税の無申告が問題になるのは、贈与をしたときではありません。贈与した人が亡くなったときの相続税の申告です。**税務調査に選ばれると過去10年分の預金通帳の入出金履歴が事細かに調べられるので、そこで問題が表面化します。**詳しくは第6章でお話ししますね。

教育費や生活費の援助は非課税

教育費や生活費の援助は110万円を超えても非課税です。

ただ、「扶養義務者の間で必要な都度、援助した場合」という条件があります。

ポイントは**「必要な都度」**という部分です。教育費や生活費として必要な金額であったとしても、数年分を先払いでまとめて渡すような場合には、非課税になりません。また、「生活費

や教育費の援助という証拠として、領収書を残しておかなければいけませんか?」という質問もいただきますが、領収書は無くても大丈夫です。ただ、実際に生活費等で使っていたことを客観的にわかるようにする必要はあります。

税務調査の際、調査官は次のような基準で判断します。**生活費等の名目で贈与された金銭が、実際には使われておらず、預金や投資信託等になっている場合は課税し、贈与された金銭が実際に使い切られている場合は、非課税**にします。

ただ、お金に色はつけられません。「自分で稼いだ給与で投資信託を買い、親から援助されたお金を生活費に充てている認識でいた」と主張することも、できなくはありません。しかし、税務署と押し問答になっては面倒です。生活費等の援助を受ける場合には、極力、日常的に生活費の引き落としがされている預金口座に振り込んでもらい、お金の流れを明確にしておきましょう。

また、**「『扶養義務者の間』には、祖父母と孫の関係が含まれるのか?」**という質問もよくいただきます。

答えはYESです。

祖父母が孫の教育費等を負担したとしても贈与税は非課税になります。

ただ、この点に違和感を持たれる方もたくさんいます。「祖父母が孫の教育費等を負担するのは、実質的に、祖父母から孫ではなく子(親)に対する贈与になるのではないか?」という疑問です。

税金の世界では、扶養義務者の範囲に直系血族が含まれていることから、祖父母が孫の教育費等を負担しても問題ないこととされています。

結婚費用も非課税になる

結婚費用を子に贈与した場合も非課税になります。「結婚費用」の具体例は次の通りです。

①結婚後の生活のために、日常生活に必要な家具等の贈与

②日常生活に必要な家具等の購入費用に充てるための金銭の贈与（そのお金で家具等を購入する必要があります）

③結婚式の費用

税務上は非課税とされていますが、**持参金や支度金は、金額が大きければ特別受益に該当する可能性が高い**ので、将来の相続トラブルにならないように注意してください。

教育費や生活費、結婚費用は贈与税の対象とされていないので、このしくみを利用すれば将来発生する相続税の負担を大きく減らすことができます。細かい注意点は、国税庁から「扶養義務者（父母や祖父母）から『生活費』又は『教育費』の贈与を受けた場合の贈与税に関するＱ＆Ａ」が公表されていますので、そちらをご参照ください。

参考　https://www.nta.go.jp/law/joho-zeikaishaku/sozoku/131206/pdf/01.pdf

＼ぶっちゃけ／

2 生前贈与は「孫」がオススメ！

生前贈与には「持ち戻し」というルールがあるのをご存じでしょうか。**生前贈与をしてから3年以内（2024年1月1日からは7年以内）に相続が発生した場合には、その贈与は無かったことにされてしまう**のです（詳細は150ページより）。

例えば、もともと1億円の財産を持っていた方が、子供に100万円の贈与を3年間行った後に亡くなってしまったとします。300万円を先に贈与していますので、亡くなったときの遺産額は9700万円ですが、相続税の対象になるのは、遺産9700万円と、亡くなる前3年以内に贈与した300万円を足した1億円ということになります。

では、相続開始前3年以内に110万円を超える贈与をし、贈与税を払っていた場合はどうなるでしょうか。贈与税を払ったのに、相続税まで課税されてしまうと二重課税になってしまいます。この場合、算出された相続税から、既に支払った贈与税を控除することができます。つまり二重課税されることはありませんので、**「贈与して損した」という事態は、基本的に起きません。**ただし、不動産の贈与をした場合には、登録免許税や不動産取得税、司法書士費用の負担が発生する分、「贈与して損した」という事態になる可能性があるので注意しましょう。

この3年（7年）ルールは、年度で区切ったりはせず、丸3年の期間が対象です。例えば、2023年12月1日に亡くなった方であれば、2020年12月1日から2023年12月1日までに行われた生前贈与が対象になります。仮に、2023年に相続が発生した場合でも、2020年に行われた贈与がすべて対象になるわけではありません。そのため、できるだけ多くの節税をしたいのであれば、生前贈与は1日も早く実行したほうが有利になるのです。

ここからが大事な話です。このルールには「適用される人」と「適用されない人」がいます。適用されない人に対して行われた贈与であれば、亡くなる1日前にされたものであっても、相続税の対象から外れます。**3年（7年）ルールは原則として、将来相続人になる人に対する贈与に適用されます。**「父・母・長男」という家族であれば、父から母、父から長男への贈与が対象になります。

この性質を踏まえると、相続税対策上、誰への贈与が有利になるでしょうか？

答えは孫です！　3年（7年）ルールの対象になるのは母と長男だけなので、**孫への贈与は3年（7年）ルールの対象にはなりません。**孫への贈与であれば、亡くなる1日前にした場合でも、相続税の節税効果を享受することができるのです。

孫以外にも盲点なのが、子の配偶者、つまり嫁と婿です。嫁や婿に対する贈与も、原則として3年（7年）ルールが適用されず、税金対策上は有利です。しかし、もし子供が離婚した場合、嫁や婿に贈与した財産は戻ってきません。そのことから、嫁や婿にまで贈与をする方は割と少ないです。このルールの性質を鑑みると、相続人に対する贈与よりも、孫や子の配偶者に対する贈与のほうが有利になります。「生前贈与は孫だけにしたほうがいい？」と思われるかもしれませんが、余裕資金のある人であれば、子と孫、どちらにも贈与するのが正解です。３年（７年）以内に相続が発生するかどうかは誰にもわかりません。長生きできれば、その分、多くの節税効果を享受できるので、子供にも贈与したほうがいいでしょう。この３年（７年）ルールは、原則として、将来相続人になる人に対する贈与に適用されるとお伝えしましたが、「例外」も存在します。

３年（７年）ルールの正確な対象者は、「相続または遺贈により財産を取得した者」と定義されています。**相続人であったとしても、相続放棄や遺産分割協議により遺産を一切取得しない人であれば、このルールは適用されません。**反対に、相続人でなかったとしても、遺言や生命保険によって財産を取得した人であれば、３年（７年）ルールが適用されます。つまり、孫や子の配偶者であっても、３年（７年）ルールが適用されるケースもあるのです。

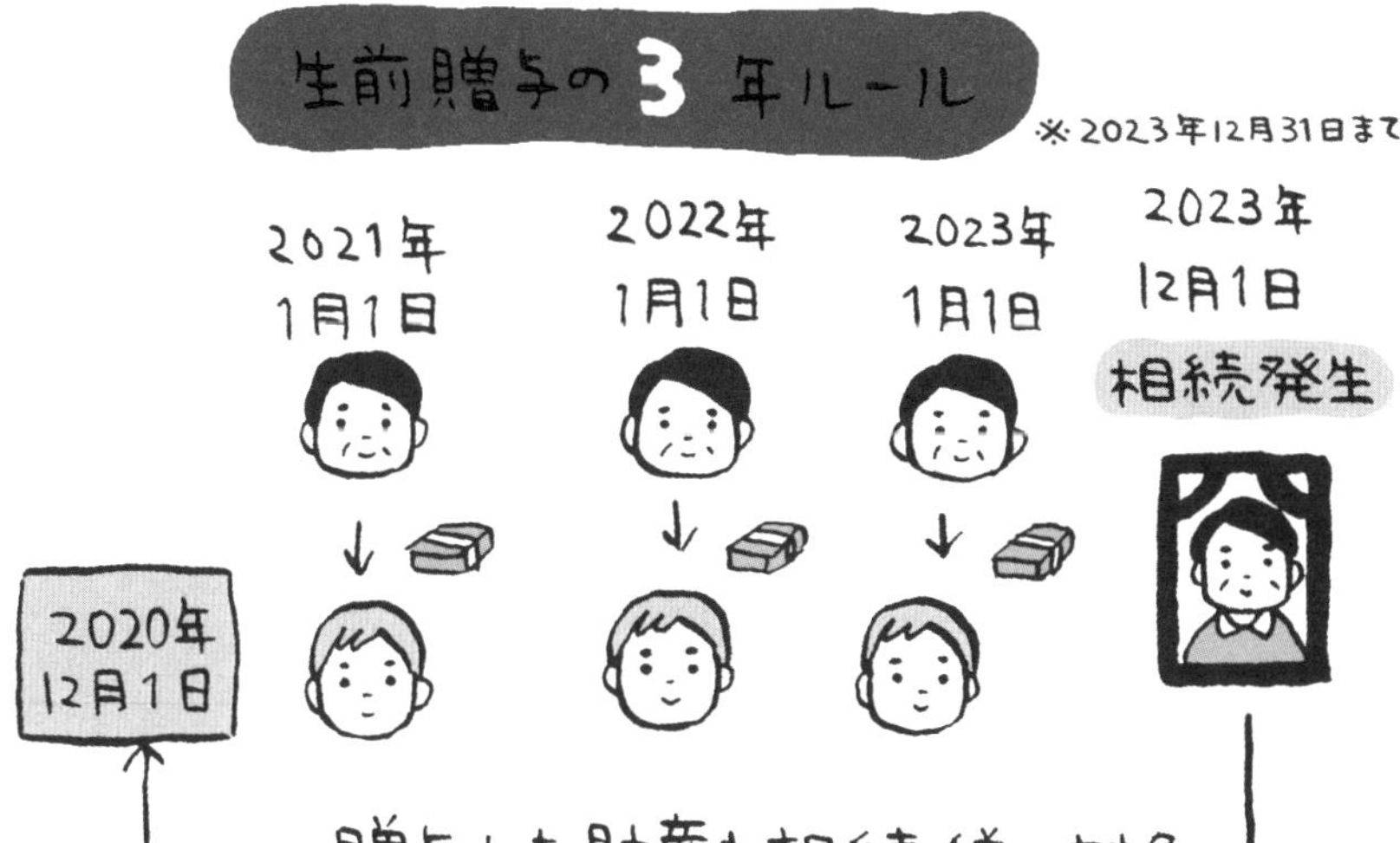

＼ぶっちゃけ／

3 生前贈与大改訂！絶対知っておくべき「7年ルール」

2024年1月1日から行われる生前贈与は7年経過しないと、相続財産に持ち戻されます。**7年への延長は、2024年1月1日から行われる贈与に対して、段階的に導入**されていきます。具体例を使って解説しますね。

例えば、2024年1月1日に贈与をした人が、2027年7月1日に亡くなったとします。これまでの3年のルールであれば、持ち戻しの対象になるのは、2024年7月1日以降に行われた贈与です。

持ち戻し期間はどう延長される？

しかし、税制改正によって、持ち戻し期間が延長されますので、2024年1月1日に行われた贈与も持ち戻しの対象にされてしまうのです。この人の場合は、結果として持ち戻し期間は、3年6か月ということになります。

例えば、2024年1月1日に贈与をした人が、2030年7月1日に亡くなった場合はどうで

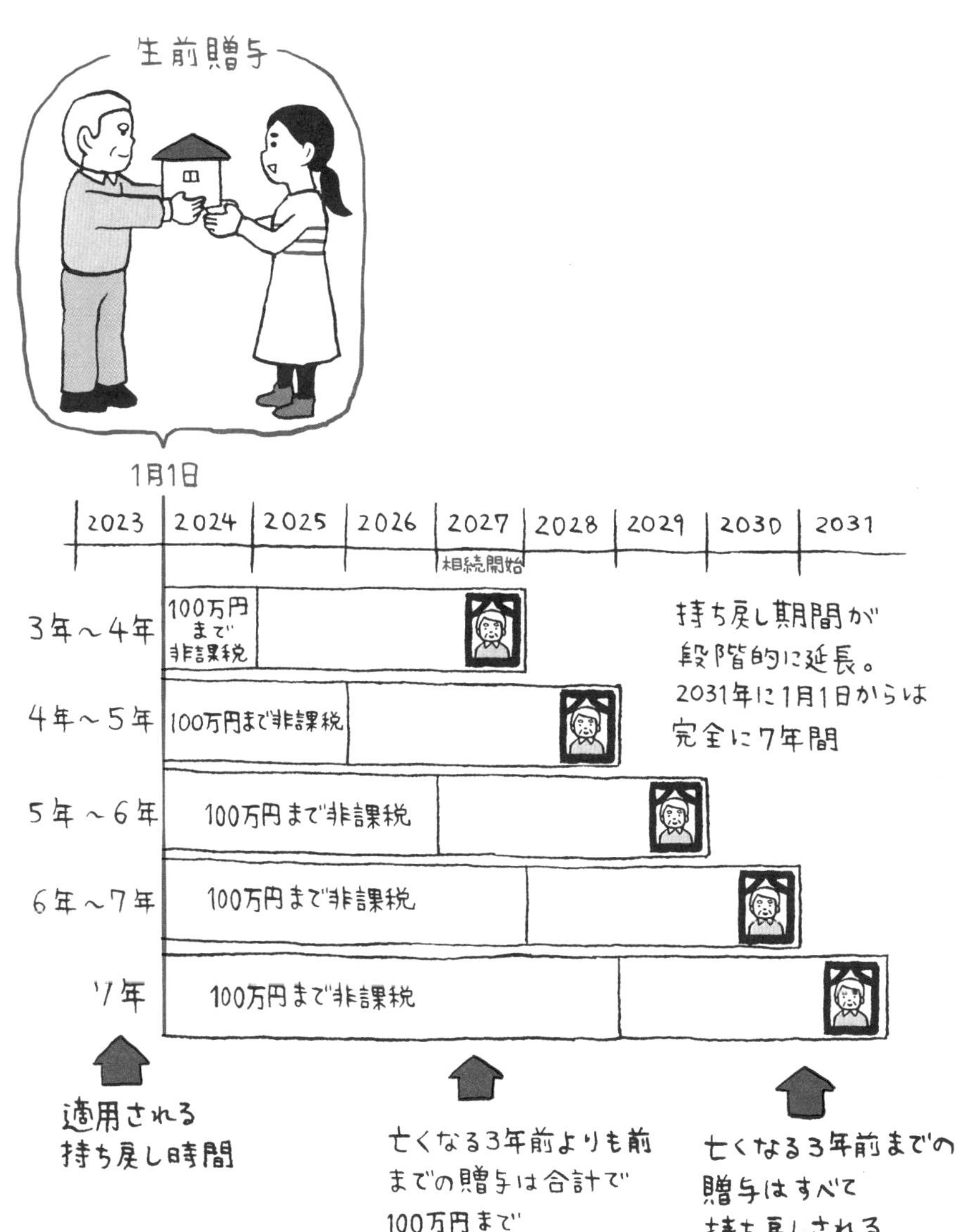
生前贈与
1月1日
2023
2024
2025
2026
2027
2028
2029
2030
2031
相続開始
3年～4年
100万円まで非課税
4年～5年
100万円まで非課税
5年～6年
100万円まで非課税
6年～7年
100万円まで非課税
7年
100万円まで非課税
持ち戻し期間が段階的に延長。2031年に1月1日からは完全に7年間
適用される持ち戻し時間
亡くなる3年前よりも前までの贈与は合計で100万円まで非課税になる
亡くなる3年前までの贈与はすべて持ち戻しされる

しょう。この場合も、2024年1月1日からまだ7年経過していないため、2024年1月1日の贈与も持ち戻しの対象とされます。結果として、この人の持ち戻し期間は、6年6か月ということになります。

では、2024年1月1日に贈与した人が、2031年7月1日に亡くなったとします。この場合、亡くなった日から7年遡ると、2024年7月1日になります。そのため、2024年1月1日に行った贈与は、持ち戻しの対象外となります。この人の場合は、持ち戻し期間は結果として7年間ということになりますね。

このように、2024年1月1日から持ち戻し期間は少しずつ延長され、2031年1月1日に完全に7年間に移行する形になります。

また、**3年前よりも前の期間（4〜7年）に贈与した金額については、合計で100万円までは持ち戻さなくてよい**こととされています。記録の管理をする手間を考慮した取り扱いとのことです。

例えば、亡くなる3年前の3年間で330万円、3年前よりも前の4年間で440万円、合計で770万円贈与していたとすると、いくら持ち戻しされることになるでしょうか。この場合、330万円+（440万円－100万円）と計算されるため、持ち戻しは670万円になります。

＼ぶっちゃけ／

4

相続時精算課税制度①基本的な使い方

2023年度の税制改正を知る上で、相続時精算課税制度の存在は非常に重要です。詳しく解説していきます。あまり知られていませんが、実は、**贈与税の計算方法は、暦年課税制度と相続時精算課税制度の選択制**とされています。

暦年課税制度とは、普段からよく聞く、「年間110万円まで非課税で、超えた部分に贈与税の税率をかけて贈与税を計算する」といったオーソドックスな贈与税の計算方法です。

一方で、相続時精算課税制度とは、「贈与するときは最大2500万円まで贈与税を非課税にするが、贈与した人が亡くなったときは、過去に贈与した財産をすべて相続財産に持ち戻して相続税を計算する」という贈与税の計算方法です。この制度は、60歳以上（※）の父母、祖父母から、18歳以上（※）の子や孫などに対して行う贈与に使うことができます。（※贈与する年の1月1日時点の年齢）

例えば、もともと1億円の財産を持っている甲さんが、長女に2500万円の贈与をしたいと考えました。暦年課税制度であれば、年間110万円までしか非課税にならないので、この場合、約810万円の贈与税がかかります。しかし、相続時精算課税制度を使うことを選択すれば、

2500万円はすべて非課税で贈与することができます。

贈与をした後、甲さんの財産は7500万円（1億円－2500万円）になります。甲さんが死亡したとき、手元に残っている7500万円に相続税が課税されるのかと思いきや、ここで相続時精算課税の影響がでてきます。

相続時精算課税制度を使って贈与をした場合、その贈与した財産は、**何十年前の贈与であったとしても、相続財産に足し戻して相続税を計算しなければいけません。**

つまり、この甲さんの相続税は、手元の遺産7500万円に、過去に贈与した2500万円を足した1億円に課税されることになります。

このように、贈与するときは2500万円まで非課税にするかわりに、相続のときに、その分を精算して課税されるわけです。そのため、相続時精算課税制度という名前がついているの

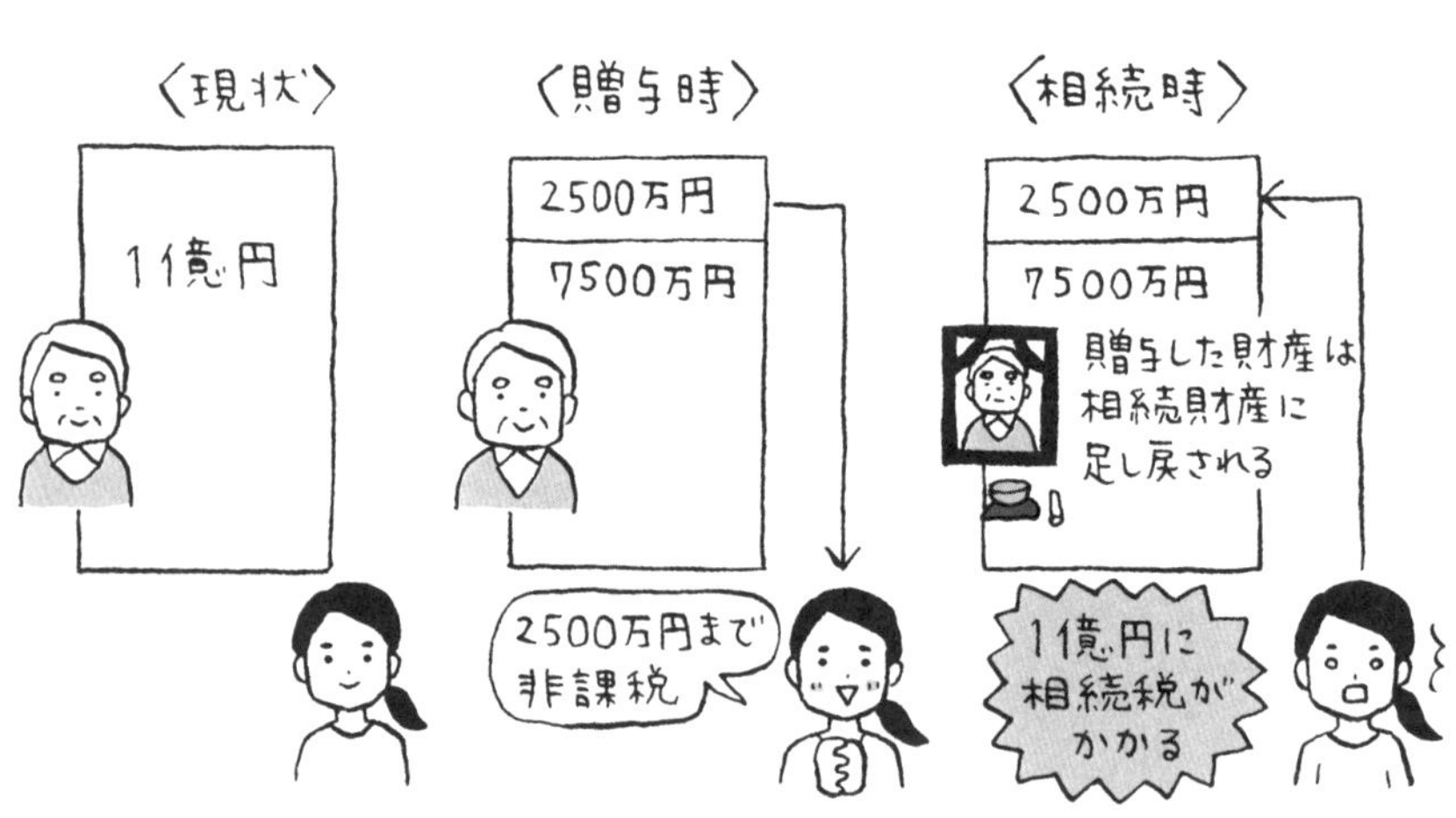

です。

勘の鋭い方ならお気づきかと思いますが、相続時精算課税制度は、節税には使えない制度です。なぜなら、贈与するときは非課税にできますが、最終的にはすべて相続税の対象にされてしまうからです。つまり、**税金の支払いを先送りすることしかできない制度**なのです。

では、なぜこのような制度があるのでしょうか?

相続時精算課税制度の上手な使い方

相続時精算課税制度は、**将来的に相続税がかからない人や、かかったとしても少額な人が、110万円を超える贈与をしたいときに有効**な制度です。

例えば、3000万円の財産を持つ乙さんがいたとします。乙さんは娘さんに1000万円の贈与をしてあげたいと考えました。通常の暦年課税制度で贈与をすれば110万円を超えていますので、この場合177万円の贈与税がかかります。

しかし、相続時精算課税制度を使えば、贈与額が2500万円以下なので、贈与税は0円です。そして、乙さんが将来的に亡くなったときも、手元の財産2000万円に、贈与額1000万を足しても3000万円であるため、相続税の基礎控除以下に収まり、結果として相続税も0円です。

このように、**将来的に相続税の負担が大きくならない人であれば、相続時精算課税制度を上手に使うことで、余計な税金を払わなくてすみます。**

＼ぶっちゃけ／

5 相続時精算課税制度②運用の注意点

相続時精算課税制度は**「一度選択すると、二度と取り消すことはできず、一生涯にわたり自動継続される」**という性質に注意する必要があります。

例えば、父から長男に対して相続時精算課税制度を選択した場合、翌年以降に行った生前贈与もすべて相続時精算課税制度の対象にされてしまうのです。**2024年から新しくなる相続時精算課税制度の説明の前に、2023年12月31日までの制度内容を説明**します。

例えば、X1年に父から長男に1000万円の金銭を、相続時精算課税制度を使って贈与しました。このとき、贈与した金額は2500万円以下であるため全額非課税となり、納める贈与税はありません。

続いてX2年に父から長男に再び1000万円の金銭を贈与しました。この場合、この1000万円も強制的に相続時精算課税制度の対象にされます。そして、その後に父が死亡した場合、相続財産に足し戻されるのは、X1年に贈与した1000万円と、X2年に贈与した1000万円の合計2000万円ということになります。

ちなみに、もしもX3年に1000万円を贈与していた場合はどうなるでしょうか？

X1年、X2年にそれぞれ1000万円ずつ贈与しているため、2500万円の非課税枠のうち、既に2000万円は使っています。ここに追加で1000万円の贈与をすると、2500万円を超えることになります。

この場合、超えた500万円部分に対して、一律20％の贈与税が課税されます。つまり500万円×20％＝100万円の贈与税を納めなければいけないのです。

ただ、**この贈与税は、最終的に相続税と相殺されますので、税金の負担が増えるわけではありません。**また、先に払った贈与税が、最終的に計算された相続税よりも多い場合は、差額を税務署から返してもらうことも可能です。

このように、一度、相続時精算課税制度を選択すると、その後に暦年課税制度に戻ることはできなくなります。ただし、この取り扱いは、**贈与する人と、もらう人のペアごとに適用**されるので、例えば、父から長男は相続時精算課税を選択しても、父から二男に対しては暦年課税を選択することも可能です。同様に、父から長男は相続時精算課税を選択しても、母から長男へは暦年課税を選択することも可能です。

少額の贈与も申告が必要

相続時精算課税制度は、一度選択すると、自動継続・取消不可となるため、例えばX1年に相続時精算課税制度を選択すると、X2年に、超少額（例えば1万円）の贈与を受けた場合でも、贈与税の申告義務が生じます。

ここで気をつけなければいけないのが、「非課税枠の2500万円を使い切っていないなら、2年目以降の贈与税申告はしなくていい」と勘違いをしてしまうことです。

例えば、X1年に1000万円の贈与を受けた場合、非課税枠は残り1500万円あるため、1500万円以内の贈与であれば、「どちらにせよ贈与税は発生しないので、贈与税申告はしなくてよい」と判断してしまうわけです。

しかし、税務署はそんなに甘くありません。**非課税枠に残りがあったとしても、2年目以降、申告期限までに贈与税の申告をしない場合には、非課税枠を使うことはできず、贈与額に対して一律20％の贈与税が課税されてしまう**のです！

ただ、この贈与税も、最終的に相続税と相殺されるので、長い目でみれば負担は増加しませんが、もしも税務調査で指摘されて贈与税を払うこととなった場合には、無申告加算税や延滞税などの罰金的な税金が課されますので、この分は純粋に負担が増えてしまいます。

このように、相続時精算課税制度は、相続でも贈与でも税負担を同じにできるメリットがある一方で、一度選択すると少額の贈与でも申告義務が生じるなどのデメリットがあるのです。

＼ぶっちゃけ／

6 相続時精算課税制度③ 毎年110万円の贈与を非課税にする方法

2024年1月1日以降、相続時精算課税制度を選択した場合、年間110万円までの非課税枠が新設されるので、年間110万円までの贈与は非課税となり、申告義務も無くなりました（選択した年は、選択の届出が必要）。さらに、**将来相続が発生したときに、非課税枠内で贈与した分は相続財産に足し戻さなくてもよいこととされましたので、年間110万円までであれば完全に非課税にできます。**ただ、年間110万円を超えた贈与は累積され、2500万円を超えると20％の贈与税がかかりますが、相続発生時にすべて相殺されるので、税負担が増えることはありません。

例えば、1億円の財産を持っている甲さんがいるとします。この甲さんが2024年1月に相続時精算課税制度を選択して1000万円贈与したとします。この場合、これまでの制度では、最終的に相続財産に足し戻されるのは1000万円でしたが、2024年1月からは、110万円は完全に非課税とされ、相続財産に足し戻されるのは890万円になります。

また、次の年に110万円の贈与を行った場合はどうなるでしょう？

この場合、110万円までは申告義務もありませんので、税務署に申告書を提出する必要もありません。そして将来的に財産に足し戻されることもないのです。結果として、この方が亡くなった場合には、先に贈与した金額は1110万円ですが、相続財産に足し戻されるのは890万円ということになりますので、相続税が課税される財産額は9780万円になります。

ここでのポイントは、2024年1月以降、相続時精算課税制度を使えば、たとえ亡くなる直前であったとしても、年間110万円までは無税で贈与でき、相続財産にも足し戻されないということです。つまり、相続時精算課税制度を使えば、確実に節税ができることを意味しています。

暦年課税制度と相続時精算課税制度、どちらを使うべき?

先に結論をお伝えすると、**改正後は、非常に多くの人が相続時精算課税制度を選択したほうが有利になります。**整理をすると次のようになります。

相続時精算課税制度が有利になる人

①元々相続税のかからない人や、相続税はかかるが少額である人（現行税制において年間110万円までの贈与が最適解である人）

②7年以内に亡くなってしまうことを心配する人

暦年課税が有利になる人

相続税が多額にかかる人（現行税制において年間110万円を超える贈与が最適解である人）の

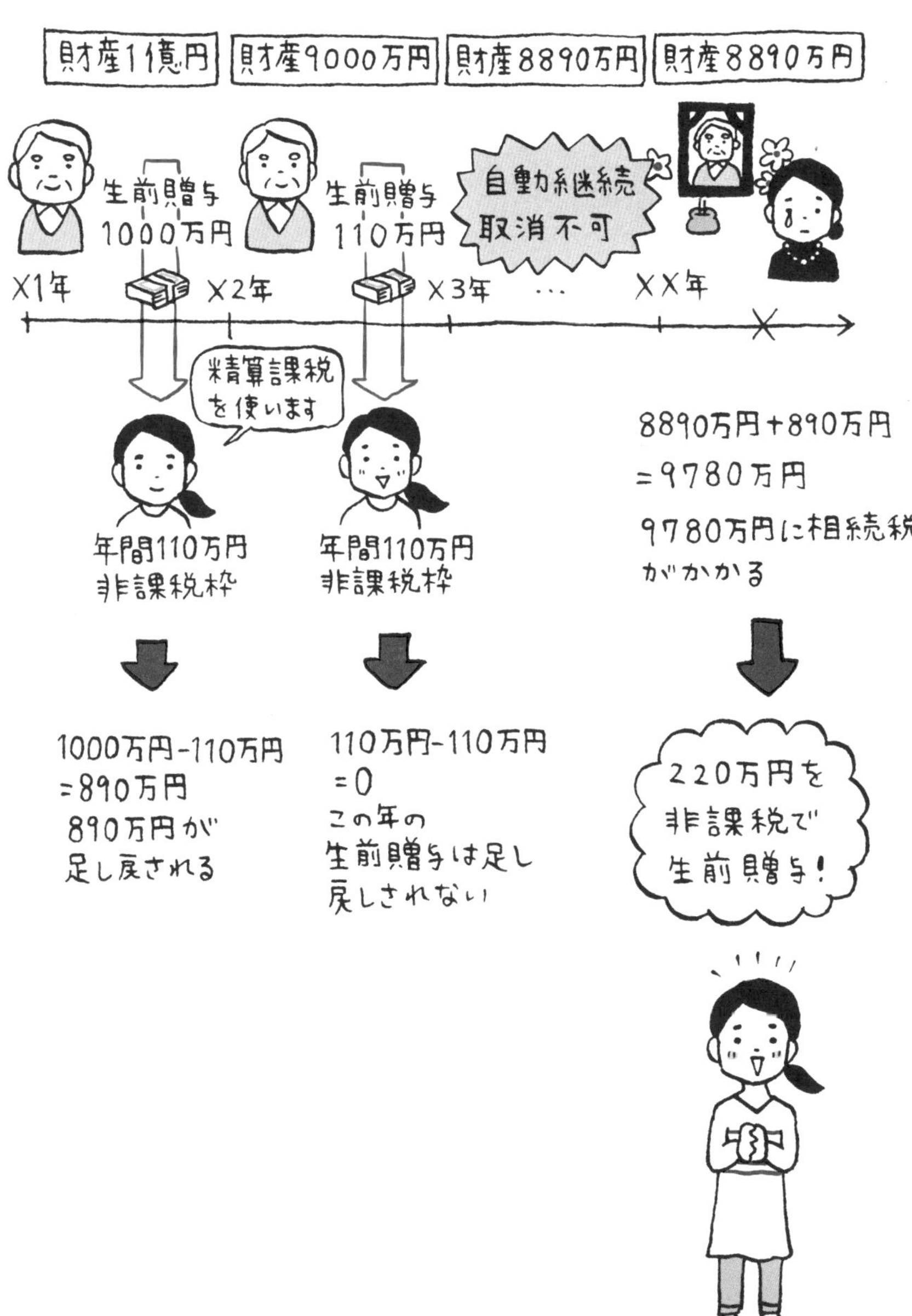

財産1億円
財産9000万円
財産8890万円
財産8890万円
生前贈与
1000万円
生前贈与
110万円
自動継続
取消不可
X1年
X2年
X3年
…
XX年
精算課税
を使います
年間110万円
非課税枠
年間110万円
非課税枠
8890万円＋890万円
＝9780万円
9780万円に相続税
がかかる
1000万円－110万円
＝890万円
890万円が
足し戻される
110万円－110万円
＝0
この年の
生前贈与は足し
戻しされない
220万円を
非課税で
生前贈与！

うち、7年超、亡くならない自信のある人

現行税制において、年間110万円での贈与が最適である人とは、その人が所有する財産額と、相続人の人数で決まります。

例えば、相続人が配偶者無し、子供2人の場合には、相続税の対象となる財産がおおよそ7000万円（小規模宅地特例などを使った後の金額）を超える場合には、110万円を超える贈与をして、贈与税を先に払ったほうが有利になります（詳しくは171ページ）。ただ、このあたりの見極めは、遺産の分け方や正確な土地評価額が決まっていないと結論を導き出せないため、相続税に強い税理士に相談の上、最終的に判断しましょう。

また、7年後も絶対に生きている自信のある人は、そう多くはないと思います。確実に年間110万円までを非課税にできる相続時精算課税制度を選択したほうが賢明と言えるでしょう。

改正されなかった孫への贈与

2023年度の税制改正では、贈与による節税を封じることも目的とされています。そのため私は、7年内加算の対象者に孫などの一定の親族も含めるように改正されると予想していました。

しかし、3年から7年という期間の延長だけで、その対象者は改正されませんでした。このことから次のことが言えます。**7年内加算の対象となってしまう子に対する贈与は、相続時精算課税制**

度を選択し、7年内加算の対象とはならない孫には、今後も暦年課税制度で最適な贈与を継続していくことが、最も合理的（税金面のみで考えた場合）な贈与といえるでしょう。

国の思惑

暦年課税を厳しくし、相続時精算課税を優遇する。

実は、国としては相続時精算課税制度を広く普及させたい思惑があるのです。

相続時精算課税制度を使った場合、年間110万円までの部分を除いて、贈与した財産はすべて相続財産に足し戻して相続税を計算します。つまり、贈与で財産を渡しても、相続で財産を渡しても、最終的な税負担は同じになるのです（年間110万円部分を除き）。

これは、2023年度の税制改正の趣旨である、贈与税の過度な負担をなくして贈与を世の中にもっと広めたいという「相続贈与一体化」の考え方そのものです。

また、副次的な国の狙いとして、**相続税対策をする人の早期リスト化**を狙っていると推察します。

これまでの税制では、暦年課税で年間110万円までの贈与をする場合は、贈与税は発生せず、申告する義務もありませんでした。そのため、年間110万円までの贈与で相続税対策をしている人を、税務署としては事前に知る術がなかったのです。

しかし、今後、相続時精算課税制度を使う場合には、最初の年に、税務署へ相続時精算課税選択届出書という書類を提出しなければなりません。この書類を提出することで、**「私達の家族は今後、**

生前贈与で相続税対策をしていきますよ」と国に伝えることになりますので、贈与した人が亡くなったときに、「相続税のかかる可能性の高い人」としてマークされることになります。

ただ、こういった話をすると、「税務署にマークされるなら、この制度は使わないほうがいいですか?」と不安に思われる方もいると思います。その点については、怖がらなくて大丈夫です。確かに税務署に対して贈与を始めていくことは伝わりますが、制度の趣旨に沿って適切に贈与をしている人に対して、税務署は非常に寛容です。**税務署が厳しく取り締まるのは、あくまで、悪意のある納税者**です。意図的に財産を隠したり、事実と異なる申告をしない限りは、過度に恐れる必要はありません。**年間110万円までの非課税枠は、国が贈与を促すために付与したもの**です。堂々と使いましょう!

＼ぶっちゃけ／
7 相続時精算課税制度の「3つの応用技」

実はこれまでの税制において、相続時精算課税制度を選択する人は少数派でした。

2020年の統計によれば、暦年課税による受贈者が約36・4万人に対し、相続時精算課税による受贈者は約4万人でした。

なぜ、相続時精算課税制度を選択する人が少なかったのでしょうか。

それは、**相続時精算課税制度を一度選択すると、二度と暦年課税制度に戻ることができなかった**からです。暦年課税制度であれば、3年内加算のルールはあるものの、3年経過すれば大きな節税効果を得ることができます。しかし、相続時精算課税制度を使うと、最終的に贈与した財産がすべて足し戻されるため節税にならず、さらに、本来は節税することができる暦年課税制度に戻ることもできないため、節税メリットがないだけでなく、節税できる機会を失くすデメリットが大きい制度だったのです。

しかし、2024年以降、暦年課税は7年ルールとなるため、魅力は半減（むしろ消滅?・）。つまり、相続時精算課税制度を使うデメリットが無くなることになります。

それであれば、相続時精算課税制度を使わない理由はありませんので、年間110万円以上に節税できる、とっておきの方法をぶっちゃけてご紹介します。

応用技① 収益を生む財産を先に贈与する

例えば、これから相続税対策を検討している人が、アパートや株式、投資信託といった財産を持っていたとします。これらの財産は、アパートであれば家賃、株式であれば配当金、投資信託であれば分配金といった収益を生んでくれます。

こういった性質の財産は、相続時精算課税制度を使って早めに贈与をしてしまうのです。そうすることによって、贈与した財産そのものは相続財産に足し戻されますが、**贈与後に発生した家賃や配当金等は、贈与を受けた人の財産として帰属します。**つまり、贈与をしなければ、その人の財産は時の経過と共に増えていき、将来発生する相続税の負担も増え続けるはずだったところ、相続時精算課税制度を使えば、財産および将来発生する相続税の増加を抑制することができるのです。

（※株式等の贈与方法の詳細は各証券会社にご確認ください）

また現在、不動産所得が多い人であれば、所得の少ない子や孫に賃貸不動産を贈与することで、毎年の所得税も大幅に緩和できる可能性があります。

ただし、家族全体で見れば税金の負担が緩和される場合でも、個々でみると社会保険料の負担が増加したり、扶養から外れるといった副作用が生じることがあるので、実行前は必ず税理士にシミュレーションをしてもらうようにしてください。また、逆に、元から高所得の人に賃貸不動産を贈与すると、所得税がさらに高額になってしまうので、その点も注意したいところです。

応用技② 価値が暴落しているものを贈与する

これはなかなか狙ってできる技ではありませんが、価値が暴落しているものを、相続時精算課税制度を使って一気に贈与する、という技があります。

例えば、何かしらの経済状況により、価格が暴落している株式銘柄があったとします。こういった財産があれば、そのときに相続時精算課税制度を使って一気に贈与してしまうのです。

贈与した株式は、最終的に亡くなった人の相続財産に足し戻して相続税を計算しますが、**足し戻される価格は、贈与した時点での評価額**です。そのため、暴落時に贈与をすれば、足し戻される価格は暴落時の価格であるため、仮に株価が元通りに回復しても、評価額を暴落時のものに固定することができるのです。

ただ、実際には、どの時点が株価の底値であるかを見極めることは非常に難しいため、「ここが底だ！」と思って贈与をしても、その後、さらに株価が下がる可能性もあります。相続発生時点の株価が、贈与時よりも低ければ、その分、相続税の負担が増えてしまうので、確実に節税できる考え方ではないことにご注意ください。

しかし、この方法は上場している株式ではなく、非上場の中小企業オーナーが所有する株式に対しては、かなり有効に使うことができます。非上場の株式の評価額は、その会社の貸借対照表や損益計算書を使って計算するため、役員退職金を支給する年度など、一時的に利益額が小さくなっている年の株価は、通常よりも非常に割安に評価されます。そのようなタイミングを狙って後継者に相続時精算課税制度で贈与してあげれば、トータルで見たときに大きく税負担を抑制することが可能です。

応用技③　多額の金銭を贈与し、レバレッジのかかる生命保険に加入する

これは財産規模の大きめな方向けの対策になりますが、相続時精算課税制度と生命保険をうまく組み合わせることで、相続税の納税資金を効率よく貯める方法があります。

具体例を使って解説します。

例えば、3億円の財産を持つ甲さんがいました。配偶者は既に他界し、将来相続人になるのは長男だったとします。

まず、甲さんは息子に対して2500万円の金銭を、相続時精算課税制度を使って贈与します。次に、贈与を受けた息子は、父を被保険者とした生命保険に加入します（契約者：息子、被保険者：父、受取人：息子）。

ここでポイントになるのが、**生命保険は、支払った保険料以上に、将来増えて生命保険金が支払われるタイプのもの（「レバレッジが効く」と表現されるタイプのもの）を選びます。**

例えば、保険料として2500万円支払えば、将来相続が発生したときに、保険金が3500万

円支払われる生命保険があったとします。

贈与を受けた息子が契約者で、最終的に、同じ息子が受取人となります。この場合、受け取る保険金のうち、３５００万円から２５００万円を引いた１０００万円部分は所得税の対象になります。ここでポイントになるのが、**生命保険で得た儲け（所得）は、一時所得といって、他の所得よりも税率が非常に優遇されている点**です。

具体的には、一時所得の金額から50万円を引き、さらに2分の1した金額が、所得税の対象になります。結果として、増えた１０００万円部分には少額の所得税の負担で済ますことができます。

では、もしも贈与をせず、父が契約者となって同じ保険に加入していた場合はどうでしょう？

この場合は、保険金は父の相続税の対象とさ

〈相続時精算課税制度の応用技〉

①収益を生む財産を贈与

②価値が暴落しているものを贈与

③レバレッジが効く生命保険に加入

れます。生命保険金のうち、500万円（法定相続人の数×500万円）までは非課税となりますが、それを超える部分は預金などと同じように相続税の計算に含まれます。

甲さんの場合、相続人が1人で遺産総額が3億円を超えてきますので、適用される相続税の最高税率は50%です。結果として、増えた1000万円部分のうち、500万円は相続税として納めなければいけません。息子を契約者とした場合と比べて、非常に負担が重くなります。

被保険者の年齢が若ければ若いほど、大きなレバレッジを生む生命保険に加入することができます。2024年以降は、相続時精算課税制度と生命保険をうまく組み合わせて、将来の相続税の納税資金を効率よく準備しましょう。

＼ぶっちゃけ／

8 贈与税は払ったほうが得をする

2024年以降も7年超健在でいられる自信のある方や孫への贈与は、暦年課税を選択したほうが有利です。ここでは最適な贈与額の考え方を紹介します。

年間110万円を超える贈与には、贈与税が課税されます。ゆえに、贈与税がかからない110万円ぴったりの贈与をされる方が大半です。しかし、**贈与税をどんどん払って贈与を続けたほうが、多くの財産を後世に残すことができる**ケースもあります。下表をご覧ください。

相続税と贈与税の税率表です。この2つを比較すると、同じ1000万円でも相続税であれば10%、贈与税であれば30%です。「やはり贈

相続税

課税対象額	税率
1000万円以下	10%
3000万円以下	15%
5000万円以下	20%
1億円以下	30%
2億円以下	40%
3億円以下	45%
6億円以下	50%
6億円超	55%

贈与税

課税対象額 （贈与額から110万円を引いた金額）	税率
200万円以下	10%
400万円以下	15%
600万円以下	20%
1000万円以下	30%
1500万円以下	40%
3000万円以下	45%
4500万円以下	50%
4500万円超	55%

※その年の1月1日において18歳以上の者（子・孫など）への贈与の場合の税率（2022年4月1日以後の贈与）

与税のほうが圧倒的に高いじゃないか！」と思いますよね。ただ、その考えは誤りです。そもそも、相続税と贈与税は前提となる考え方が根本的に異なるため、この税率表で比較しても実際の有利不利は判定できません。では、その異なる前提とは何か。それは**「相続は一度だけしかできないが、贈与は何度でもできる」**です。当たり前ですが、人は一度しか死ねません。「今年は半分死ぬので、来年になったら完全に死にます」のようなことはできませんよね。つまり、相続が発生した場合には、そのときに所有している全財産を一度にすべて渡すことになります。

一方で、生前贈与の場合、「今年は○○円贈与して、来年○○円贈与して、再来年は……」のように分割して渡すことが可能です。相続税は一度に全財産を渡すことが前提となっており、贈与税は分割して財産を渡すことが前提になっています。この性質の違いがあるので、単純に**税率だけを比較しても有利不利は判定できない**のです。

では実際に、本当に贈与税を払ったほうが得をするのかを検証していきましょう。

1億円の財産を持っている丙さんがいたとします。丙さんには配偶者はおらず、子供が1人だけいたとします。この場合、丙さんが亡くなり相続が発生すると、**相続税は1220万円発生します。**

この計算は、まず1億円から基礎控除3600万円を引き、残りの6400万円について、1000万円までの部分は10％（100万円）、1000万円を超え3000万円までの部分は15％（300万円）、3000万円を超え5000万円までの部分は20％（400万円）、残りの1400万円（5000万円超えの部分）は30％（420万円）の税率で課税され、それを合計すると100万円＋300万円＋400万円＋420万円＝1220万円となります（次ページ図参照）。６４００万円×30％－７００万円＝１２２０万円という計算式でも求められます。

　では皆さんにクイズです。もし丙さんが亡くなる前に、１００万円を子供に贈与していたとしたら、丙さんの相続で発生する相続税はいくらになるでしょうか（３年（７年）内加算はないものとします）。ここは大事なポイントなので、ぜひお時間をとって考えてみてください。

　正解は１１９０万円です。１２２０万円から30万円減少する形になります。順を追って解説します。まず１億円の財産を持っていた丙さんが１００万円を贈与したら、贈与した後の財産はいくらになりますか。簡単ですね。１億円から１００万円を引いた９９００万円です。ではもう一度、下の図を見てください。１００万円の贈与をすると、この図の箱の形はどのように変化しますか？　箱の上の部分が削られて小さくなりましたよね（次ページ図参照）。ここが

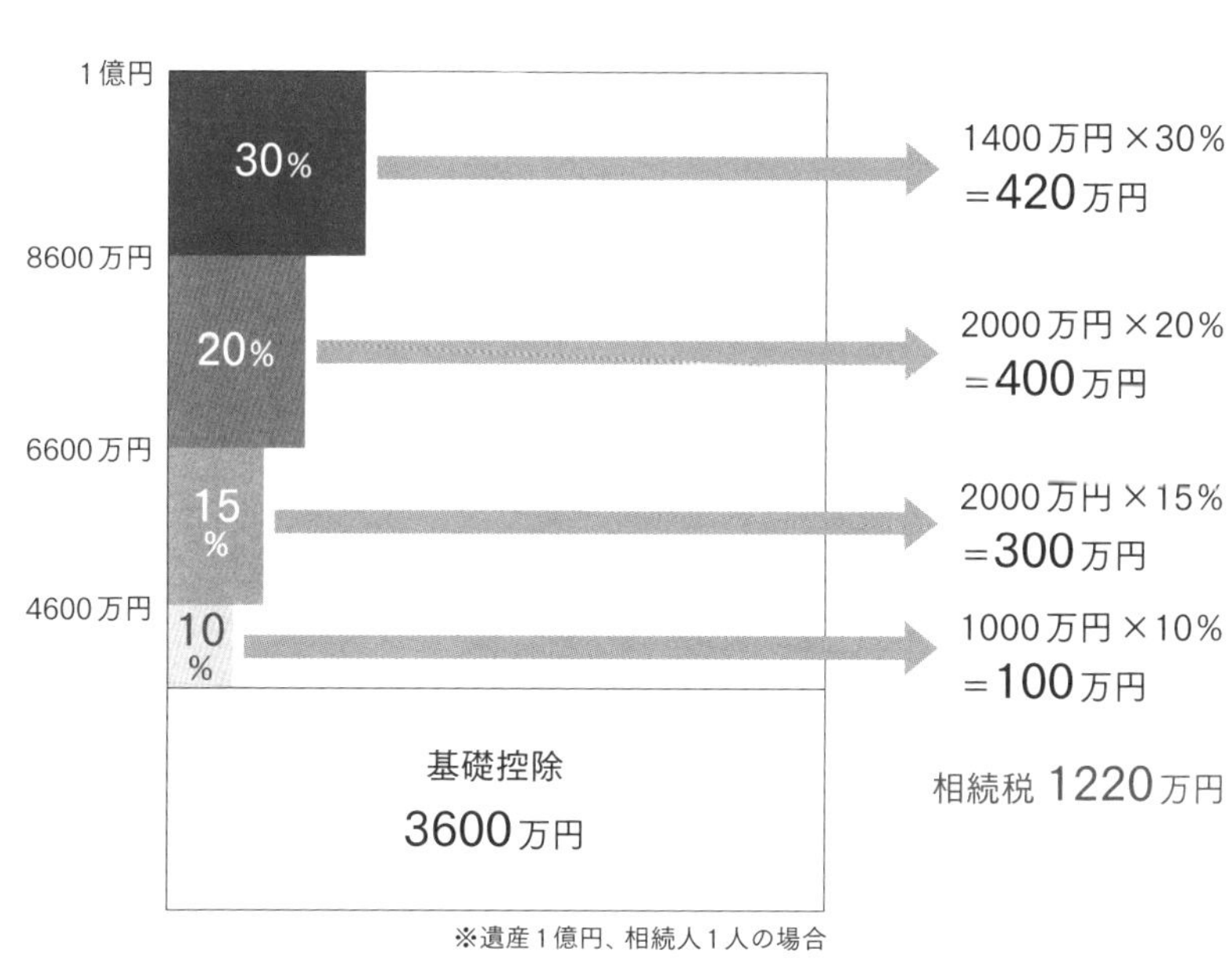

※遺産１億円、相続人１人の場合

ポイントです！

削られた部分は、相続税が最も高い税率（30％）で課税される部分です。今回のケースでは、30％で課税される部分が100万円分減りましたので、将来発生する相続税も30万円（100万円×30％）減ります。そして、100万円の贈与は110万円以下のため贈与税は課税されません。結果として、**100万円の贈与をすると、30万円得する**ことになりました。

それでは、次に200万円の贈与をした場合を考えていきましょう。200万円の贈与をすると、箱の上の部分が200万円分削られますので、将来発生する相続税は200万円の30％である60万円減少することになります。

しかし、200万円の贈与は110万円を超えているため贈与税がかかります。この場合の贈与税は9万円です（［200万円－110万］×10％）。200万円贈与をすれば、贈与税は

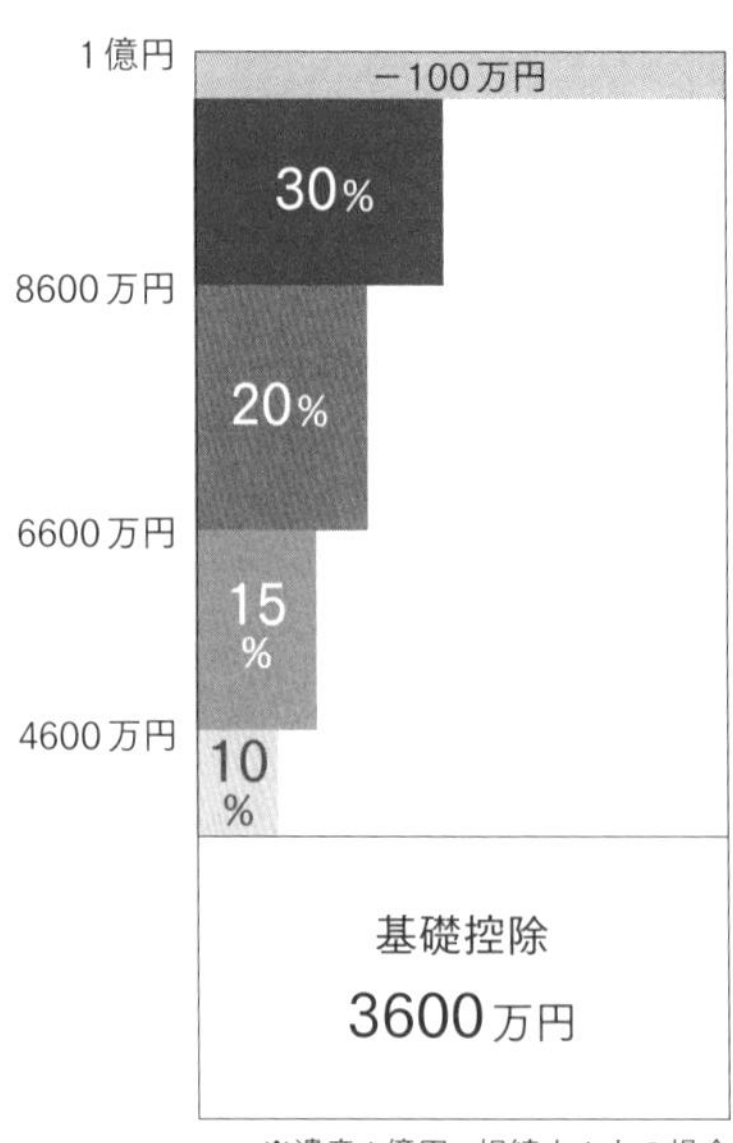

※遺産1億円、相続人1人の場合

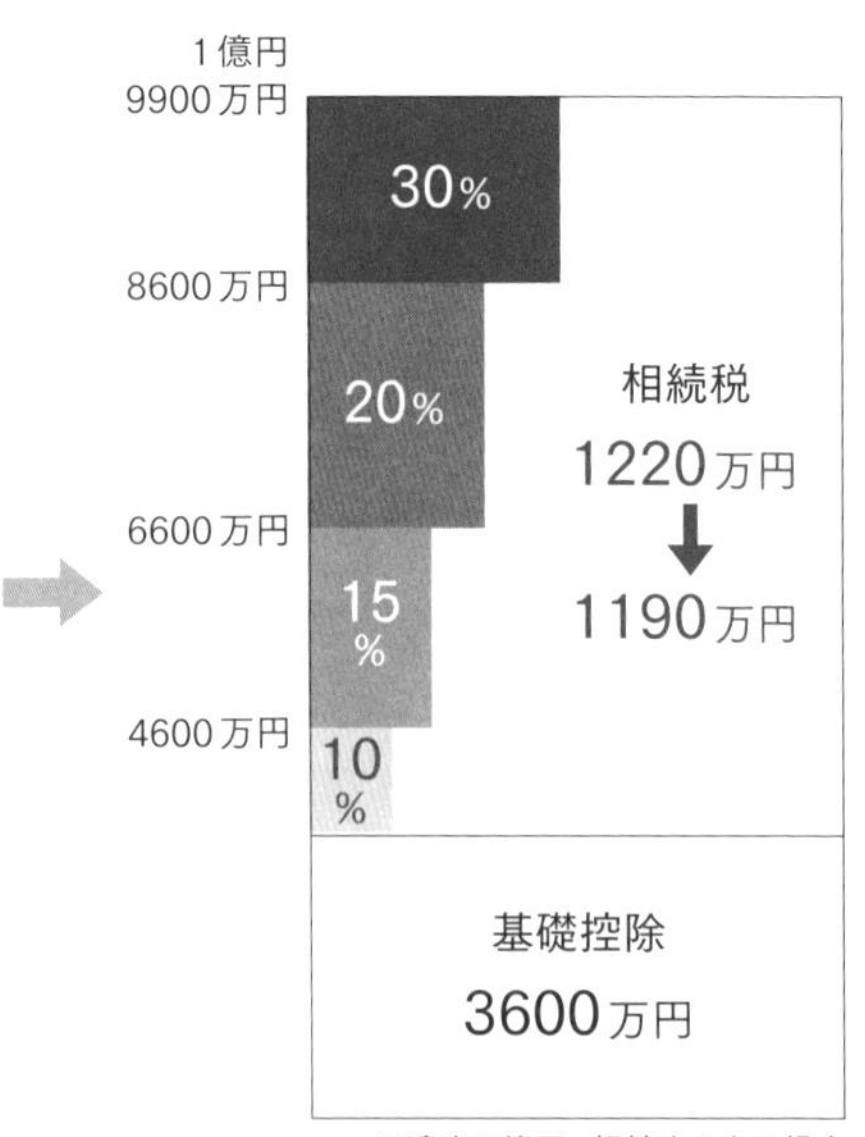

※遺産1億円、相続人1人の場合

9万円発生するものの、将来の相続税は60万円減ります。結果として、**得した金額は51万円**です。

100万円の贈与の場合に得した金額は30万円でしたが、200万円の場合には51万円。合理的に節税をしたいのであれば、100万円の贈与よりも200万円の贈与のほうが正解ということになります。ちなみに、同じ計算を300万円でした場合に**得する金額は71万円**、500万円なら101万円と、得する金額はどんどん増えます（一定の金額を超えると効果は減少します）。

この現象が起きる要因は、**「生前贈与をすると、相続税の一番高い税率で課税される部分が削られ、贈与税の税率が低い部分で税額が計算されるから」**です。

ただ、この考え方は最短最速で相続税対策をしたい方が行うものです。まだ時間的に余裕があり、ゆっくりと相続税対策をしたい人や、贈与できる人数が多い人（子や孫がたくさんいる方）は、これよりも小さい金額の贈与を積み上げていく形がよいでしょう。

先述した通り、世の中で相続税のかかる人は全体の約9％です。裏を返すと世の中の91％の人には相続税はかかりません。相続税がかからない人であれば、将来、1円も税金を払わずに全財産を次の代に承継できますので、「贈与税は日本一高い税金」という常識は正解と言えます。

しかし、相続税がかかる人からすると、この常識は逆転します。相続税に比べれば、贈与税のほうが安いのです。**「贈与税は相続税の、お得な分割前払い制度」**と考えてください。消費税も増税前に駆け込み需要が起こるように、いつか払わなければいけない税金なら、税率の低いうちに払い終えたほうが得をします。相続税の試算をしっかり行い、適用される相続税の最高税率を把握しましょう。あなたに合った最適な贈与額が浮かび上がってきます。

贈与税の「3つの特例」で賢く節税！逆効果になることも!?

贈与税にはさまざまな特例があります。特例が使えるシチュエーションを押さえ、相続税や贈与税をうまく節税しましょう。2023年3月末日現在で存在する主な特例は下記です。

①教育資金の一括贈与
②住宅取得等資金の非課税制度
③贈与税の配偶者控除

それぞれ解説していきます。

①教育資金の一括贈与

2013年に登場して以来、多くの方に利用されてきた制度です。この制度は、子や孫に対して、教育費として使うための贈与であれば、最大1500万円まで贈与税を非課税にできるという特例です。適用期限が延長され、2026年3月31日まで新規申し込み可能となりました。先述した通り、教育費の贈与はもとから非課税とされています。そうすると、この特例は何のためにあるのでしょうか。教育費の贈与を非課税にするには、大事な条件がありました。それは、**必要な都度贈与することです**。

例えば、「子供が小学校に入学するに際して、入学金を負担してあげる」ということなら、必要な都度の贈与にあたるので非課税です。一方で、子供がまだ小学生であるにもかかわらず、将来の大学への入学金を贈与したとします。これは、必要な都度の贈与ではないので非課税にはなりません。「孫の将来のために、一括でまとめて贈与したい!」という方のために、この教育資金の一括贈与の特例があります。この特例は、将来必要になるであろう教育費を見込んで、**一括で贈与したとしても非課税にできる点が特別**なのです。

ただ、この特例を使うためには、銀行や証券会社にそれ専用の口座(教育資金口座)を開設し、贈与された金銭を預け入れ、教育費として使ったことを証明するための領収書を毎年、口座を開設した金融機関に提出しなければいけません。口座開設は簡単な手続ですみますが、実際に使っていくにあたり、領収書の保管や提出が必要になるので、少し手間がかかりますね。

メリットは即効性!

この特例の一番のメリットは即効性があることです。孫へ1500万円の教育資金贈与をした次の日に亡くなった場合でも、この1500万円がその方の相続税の計算に足し戻されることはありません。教育資金贈与で渡した金銭は、その方の遺産と完全に切り離されます。近い将来、相続が発生してしまいそうな方であっても、条件を満たす子や孫がいれば積極的にこの特例を使うことで、相続税の負担を大幅に減らすことができます。

2019年の税制改正により、一括贈与をしてから3年以内に相続が発生した場合には、教育費として使い切れていない残額が、相続税の対象になりました。ただし、相続開始時に23歳未満である場合等には、この取り扱いは免除されているので、小さいお孫さんにこの特例を使う分には改正の影響はありません。(※2023年度の税制改正により相続発生時に5億円を超える遺産がある場合には、23歳未満である場合でも、使い切れていない残額が相続税の対象にされるようになりました)

デメリットもあります。**30歳になるまでに教育費として使い切れなかったときは、残額に対して贈与税が課税されます。**

この贈与税は、教育資金贈与を受けていた子や孫が払うことになります。幼少の孫に対し、将来を見越して行う贈与なので、将来、勉強嫌いな子に成長した場合には使い切れないかもしれません。ただ、ここでいう教育費とは、学校や学習塾だけでなく、スポーツや習い事、自動車学校や留学費用なども含まれていますので、興味のあることに積極的に使ってあげればよいでしょう。なお、口座にあるお金を教育費以外に使ってしまうと、30歳になったときにまとめて課税されますので注意しましょう。

現在、教育費の贈与は、一括贈与の特例と、必要な都度贈与という2種類の非課税制度が併存しています。この**2つの制度をうまく組み合わせれば、最大1500万円以上の金額を教育費として非課税にすることが可能**です。「一括贈与は口座を開設したり領収書を提出したりするのが面倒」と感じる方は、しばらくは必要な都度贈与を選択し、病気を患ったり、痴ほうの症状が出始めたりしたときに、一括贈与の特例に切り替えるのも一つの手かもしれませんね。

②住宅取得等資金の非課税制度

子や孫が住宅を購入するための頭金の援助としての生前贈与であれば、一定額まで非課税にできる特例です。

物件は**戸建てでもマンションでもOK**です。

ただ、中古物件の場合には、築年数20年以内

受贈者ごとの非課税限度額

住宅用の家屋の種類 ＼ 贈与の時期	省エネ等住宅	左記以外の住宅
令和４年１月１日から 令和５年12月31日まで	1000万円	500万円

※『「住宅取得等資金の贈与を受けた場合の贈与税の非課税」等のあらまし』より

（耐火建築物の場合は25年以内）であること等の条件が付きます。贈与税が非課税とされる金額は前ページの図の通りです。

この特例も贈与をしてすぐに相続が発生しても、相続税に足し戻されることはありません。**即効性のある相続税対策**です。

デメリットとしては、親から子へ住宅購入の資金を援助した場合には、第1章でお伝えした**特別受益に該当**することです。税金は非課税になりますが、将来の相続トラブルの原因となりえることに注意が必要になります。

また、この特例は要件が非常に細かく決まっており、**物件の種類、贈与を受けるタイミング、物件の契約、決済、引き渡しのタイミングを誤ると、特例が受けられなくなる**点も注意です。

具体的には、物件の引き渡しは、原則として、贈与を受けた年の翌年3月15日までにすませる必要があるのですが、新築分譲マンション等の場合には、購入代金を支払ってから、実際の引き渡しまでの期間に相当のタイムラグが生ずることもあります。

結果として、贈与を受けた年の翌年3月15日までに完成引き渡しがされない場合には、例外を除き、この特例は受けられません。

また、この特例は、住宅ローンの返済に充てるための贈与は対象外です。他にも、資金繰りの関係で、一旦は購入者本人が不動産業者に代金の支払いをし、その後に親から住宅資金の贈与を受ける場合にも、特例が受けられなくなるので注意してください。

そして、仮に援助を受けた金額が非課税とされる金額を下回っており、贈与税が0円だとしても、この特例を受けるためには**贈与税の申告が必須**であり、この申告は申告期限（贈与を受けた年の翌年3月15日）までに行わなければならず、1日でも遅れると特例は受けられません。

この特例を受けるためには非常に細かい要件がたくさんあるため、税理士である私でも、この住宅取得等資金贈与の特例が受けられるかどうかは、吟味に吟味を重ね、慎重に判断しています。この特例を使う際は、事前に税理士によく相談するようにしましょう。

現時点では2023年12月31日までの贈与に適用がありますが、延長される可能性が高いので、今後の税制改正に注目です。

③贈与税の配偶者控除

この特例は、婚姻20年以上の夫婦の間であれば、既にある自宅の権利2000万円分、もしくは新たに自宅を買う場合の購入費2000万円を贈与しても非課税になるという制度です。「おしどり贈与の特例」とも呼ばれています。

2000万円を超える部分は、通常の贈与税の計算通り110万円までが非課税となり、それを超える部分は贈与税が課税されます。

2000万円も贈与税が非課税になるなんて、一見とてもお得そうに見えますよね。

しかし、残念ながら、この特例も税金的には**得するどころか、損する可能性のほうが高い**のです。

理由は3つあります。

3つの注意点

第一の理由は、そもそも夫婦間の相続であれば、最低でも1億6000万円まで無税となる配偶者の税額軽減があるためです。この制度によって、そもそも夫婦の間で相続税は発生しないケースがほとんどです。そのため、夫婦間で贈与税を2000万円非課税にしても、メリットがあまりないのです。

次に、小規模宅地等の特例は、相続時には使えますが、贈与時には使えないという論点があります。先述した通り、亡くなった方の自宅は、配偶者か同居していた親族が相続すると8割引きの評価額で相続税を計算することができます。そのため、自宅（土地）を2000万円分無税で贈与したとしても、相続時における評価額を基準に考えると、実質的に400万円分（8割引き後）しか減らせません（小規模宅地等の特例は土地だけの話なので、自宅建物にこの特例を使えば、もっと大きく減らすことができます）。

最後に、得しないどころか、損をしてしまう可能性についてお話しします。

自宅の権利2000万円分を贈与する場合、確かに贈与税は非課税になるのですが、**登録免許税と不動産取得税という別の税金が課税**されます。ちなみに、不動産の贈与ではなく相続であれば、登録免許税は贈与時の5分の1、不動産取得税は非課税です。不動産を贈与する場合には、相続時よりもコストが割高にかかってしまうのです。また、**司法書士への手数料も、贈与時に1回、相続時に1回と二重でかかります。**

この特例は税金面だけを考えるとメリットが少なく、コストが大きいため節税にはあまり向きません。ただ、**相続トラブルを防ぐという意味では有効**です。

第1章でお伝えした通り、夫婦間の贈与であっても、それは特別受益に該当するので、妻と子供の仲が悪いようなケースにおいては、「母さんが生前中に贈与された自宅は、特別受益として持ち戻すべきだ」と子供から言われれば、それは持ち戻しの対象とされてしまいます。そもそも夫婦間の自宅贈与を検討される方の動機は、「自分が死んでしまった後、残された配偶者が安心して暮らしていけるようにするため」という方がほとんどです。そういった贈与であっても、特別受益の持ち戻しの対象とされてしまうと、安心して贈与できません。

そこで、２０１９年7月より、婚姻20年以上の夫婦で自宅の権利を贈与した場合には、それは特別受益の持ち戻しの対象から除外するという改正が行われました（52ページ参照）。これにより、配偶者の権利が手厚く守られることになったのです。**「配偶者の将来の安心」を重視するなら、非常に良い特例**と言えます。

第5章

不動産をぶっちゃけます！

「相続税対策のためにアパートを建てませんか」と言われても、絶対にその場でOKしてはいけません。確かに不動産を活用すれば節税できます。しかしそこには、デメリットやリスクも間違いなく存在するのです。

ぶっちゃけ

1 不動産を購入すると、なぜ相続税が減るのか？

「相続税対策のためにアパートを建てた」

こんな話を一度は聞いたことがあると思います。確かに、アパートに限らず不動産を購入すると、相続税は大幅に減少します。ここからはそのメカニズムと注意点を解説していきます。

不動産を購入すると相続税が減る理由は、**不動産の時価と相続税評価額に大きな差が生じるから**です。そもそも相続税という税金は、亡くなった方が残した遺産の「相続発生時点の時価」をもとに計算します。遺産が預金や投資信託だけであれば時価の集計は簡単です。相続発生時の残高や評価額を集計すればいいだけのことなので。しかし、不動産はそう簡単な話ではありません。

皆さんは、現在お住まいの自宅について、今すぐ客観的で明確な時価を算出することはできますか。ちょうど売りに出している方でない限り、恐らくできませんよね。不動産鑑定士に依頼をすれば客観的な時価を算出してくれますが、お金も時間もエネルギーもかかります。相続税の計算のためだけに、このようなことを納税者に強いるのはあまりにも酷です。

そこで国は、誰でも簡単に不動産の時価を算出できるしくみを開発しました。そのしくみこそが**路線価方式**です。路線価方式とは、国が日本の主な市街地の道路一本一本に値段（路線価）を振り、その道路に接している土地の面積（1㎡）×路線価をすれば、誰でも簡単に土地の時価を算出できるという方法です。この方法で計算された土地の価格のことを相続税評価額と言います。

実は、この相続税評価額は実際の売買価格（時価）よりも低くなるよう設定されています。**実際に売買される価格を10とすると、相続税評価額は8程度**です。相続税は遺産の時価に対して課税する決まりになっているにもかかわらず、なぜ2割も低く評価することを国が許しているのでしょうか。

路線価方式は、簡単に評価額を求めることができる半面、ひとつひとつの正確性は高くありません。また、路線価は年に一度しか更新されませんが、不動産の時価は、1年の間でも大きく変動します。もしも、実際の時価よりも高い評価額で課税してしまった場合には、国は納税者から訴訟を起こされてしまいます（相続税の

実際の路線価図

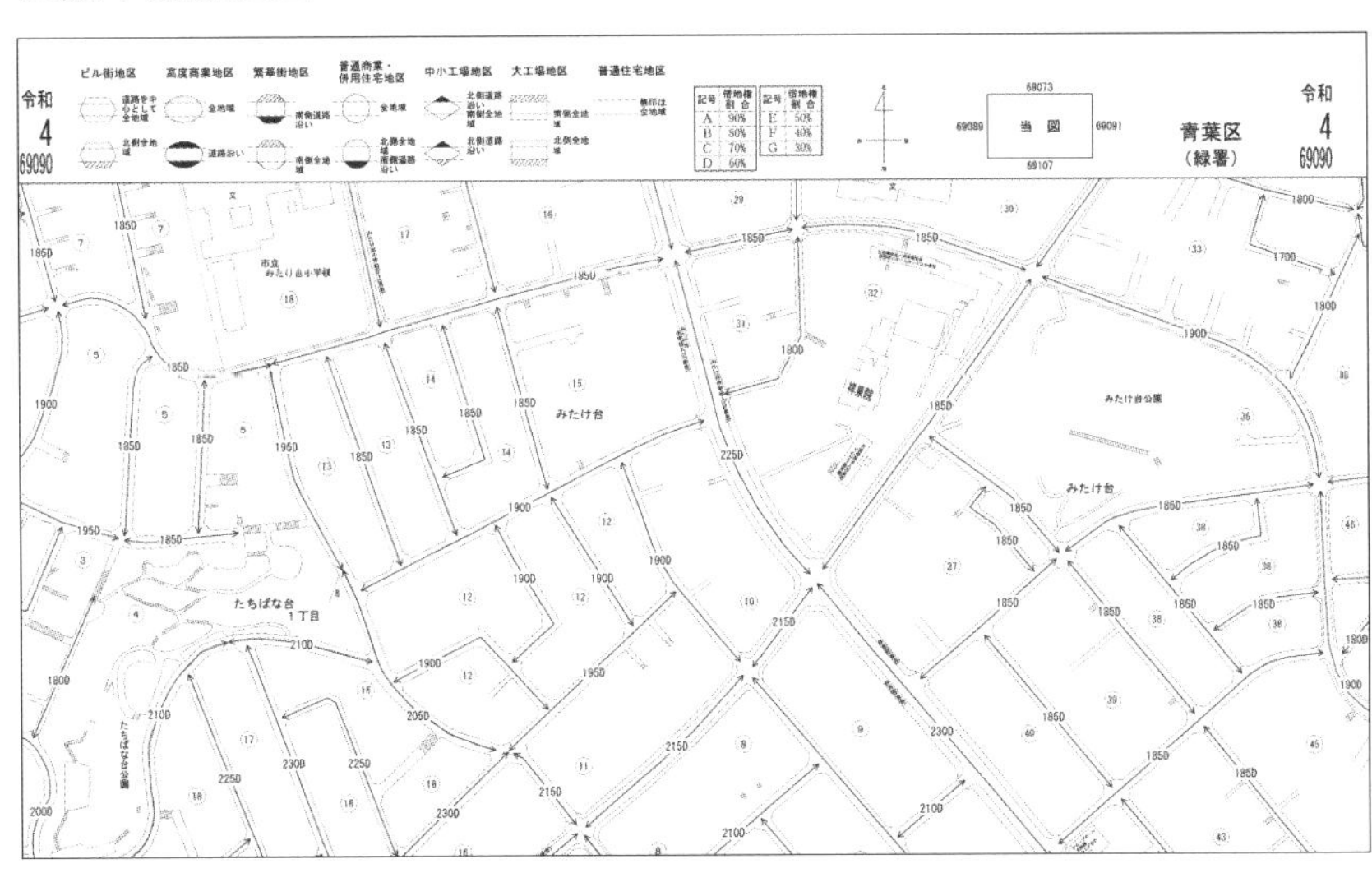

過払い）。そのような事態を避けるためにも、実際の価格よりも2割程度低めに路線価を設定しているのです（低めに設定する分には誰も文句を言いませんので）。そして、この時価と評価額の差を利用すると、相続税を大きく節税することができるのです。

例えば、1億円の預金を持っているA男がいました。A男がこの状態で亡くなったら、1億円に対して相続税が課税されることになります。もしA男が、1億円で土地を買っていたら、相続税評価額は8000万円ほどになるため、8000万円に対して相続税が課税されるのです。さらに、自宅として使うのではなく、土地の上に貸家やアパート等の賃貸用建物を建築した場合には、土地の評価額を、さらに2割ほど割り引いて評価してもよいこととされています（これを貸家建付地評価といいます）。先ほどの土地であれば8000万円の2割引き、つまり**6400万円で評価される**ことになるのです。自宅兼アパートの場合には、土地の内、アパートに対応する部分だけが貸家建付地評価になります。

建物でも同じ現象が起こります。建物の相続税評価額は、固定資産税の通知書に記載されている固定資産税評価額をそのまま使います。この固定資産税評価額は建築価格（時価）の約7割になるように設定されています。そのため、仮に1億円かけて建物を建築したなら固定資産税評価額は7000万円ほどになります。さらに、その建物を自分で使うのではなく、人に貸した場合（貸家やアパート）は、固定資産税評価額から3割引きした金額が相続税評価額になります。7000万円の3割引きは4900万円。1億円でアパートを建築すれば、**相続税評価額は4900万円**になるのです。この差は大きいですね。

不動産を活用した節税例

① 土地を買って、貸家を建てる

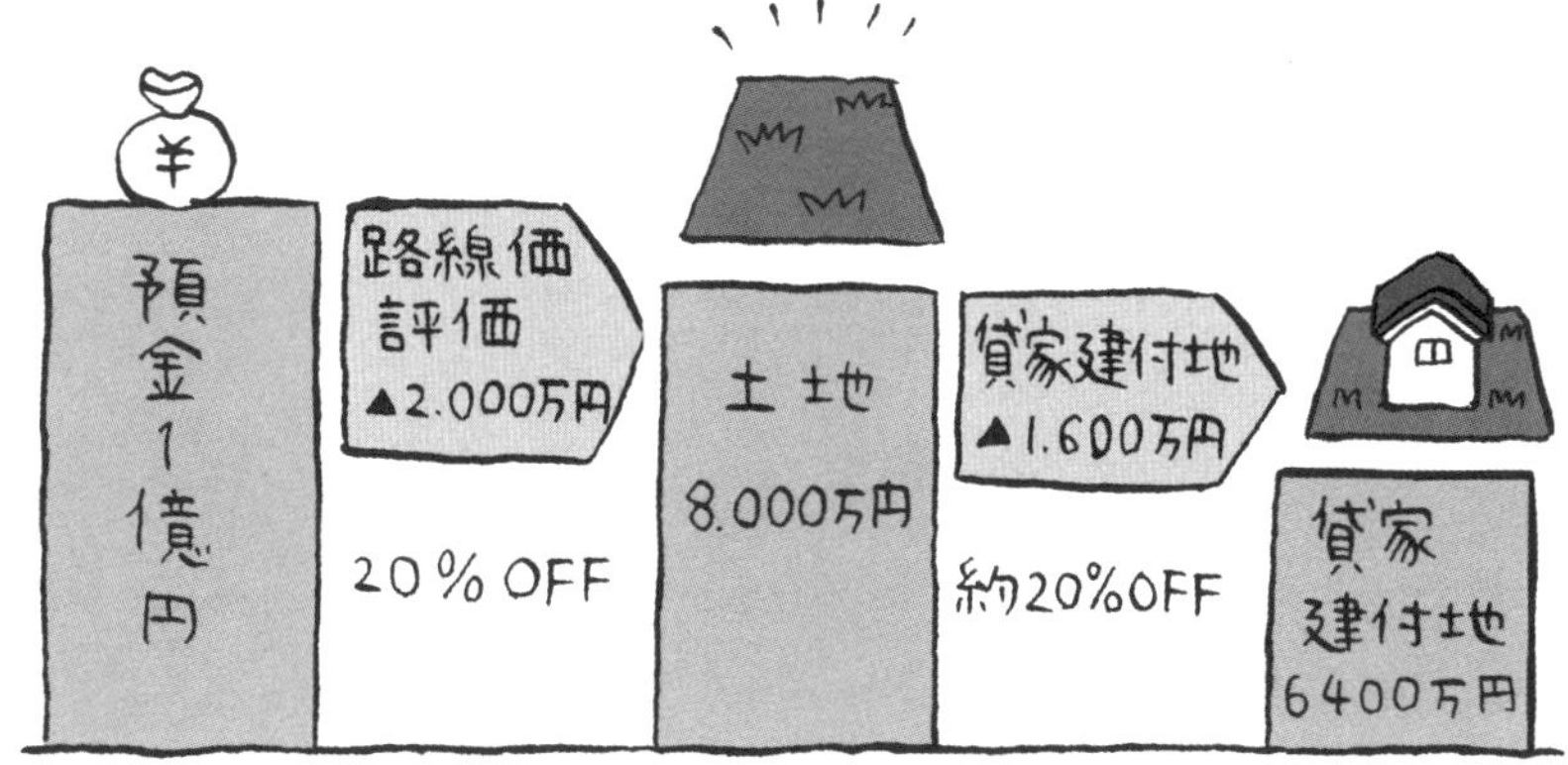

② 家を建てて、貸家にする

＼ぶっちゃけ／

2

2億円のマンションが2000万円⁉　タワマン節税のしくみ

六本木などのお金持ちが好むエリアのタワーマンションと、田舎の山奥のタワーマンション。もしまったく同じ材料、同じ施工方法なら、2つのマンションの建物の固定資産税評価額（相続税評価額）は同じになります。しかし、実際の売買価格（時価）は、六本木のタワーマンションのほうが圧倒的に高くなるため、時価と固定資産税評価額に大きな差が生まれます。このしくみを利用しているのが、タワーマンション節税と呼ばれるものです。**2億円で取引されているマンションの固定資産税評価額が2000万円くらいになる例も珍しくありません。**固定資産税評価額は、**建物の材料や施工方法による加点方式で評価額を決めている**ため、その物件の人気度やプレミア度（希少性）が、まったく評価に反映されないのです。

このようなタワーマンションの性質を利用すれば、相続税を劇的に減らすことができますが、あまりにも露骨な相続税節税と税務調査で認定された場合には、相続税評価額ではなく、不動産鑑定士が算出した価格で相続税を計算しなければいけない事態になる可能性があります（257ページ参照）。いずれにしても、不動産は時価と評価額に大きな差がありますので、預金という財産を不動産に変えれば、大きな相続税対策になることは間違いありません。

しかし私は、この手法をあまりオススメしていません。節税額を上回るほどの資産価値の低下があった場合、トータルで損をする可能性があるからです。例えば1億円の不動産を買い、1000万円の節税ができても、将来その不動産が8000万円でしか売れなかったら、トータルで1000万円損する結果になります。

不動産投資にはさまざまなメリットとデメリットが存在します。購入価額は適正か、将来の資産価値はどうなるか等、さまざまな角度からの情報収集と精査が必要になります。強調したいこととして、**不動産投資の知識や経験のない方が、安易に相続税の節税目的で不動産に手を出してしまうのは、危険なのでオススメできない**ということです。不動産を購入すれば確かに相続税の節税になりますが、おまけくらいの期待度で考えたほうがうまくいくのかもしれませんね。

※まったく同じ材料・同じ施工方法だった場合

マンション評価額の見直し！　一般人への影響は？

２０２２年12月に発表された税制改正大綱にて、「マンションについては、市場での売買価格と通達に基づく相続税評価額とが大きく乖離しているケースが見られる。（中略）市場価格との乖離の実態を踏まえ、適正化を検討する」と**タワマン節税を封じる声明が発表**されました。２０２２年4月の最高裁判決（２５７ページ参照）を受け、ルールを見直す必要があると判断したようです。

２０２３年1月、国税庁は「マンションに係る財産評価基本通達に関する有識者会議」を開催し、タワマン節税封じの本格的な検討を始めています。その会議の中では「ルールの見直しは一部のタワーマンションに限定すべきものではなく、マンション全体に適用するべきだ」という意見があがったようです。確かに、**時価と評価額の乖離が大きいのはタワーマンションだけでなく、低層階のマンションでも同じ現象があります**ので、階数だけで制限をかけるのは合理的ではありません（しかし、それを言い始めると、一戸建てであっても時価との乖離はあるのですが）。

マンション全体に評価額の見直しが適用されると、節税目的ではなく、純粋にマンションに暮らしている人にまで影響が及ぶことになりかねませんので、その点は慎重に判断してほしいと思います。具体的な改正時期は示されていませんが、私の予想では、２０２３年12月の税制改正大綱で具体的なルールが示され、２０２５年1月から発生する相続について、新ルールが適用される流れになるのではないかと思います。今後の動向に注目です。

ぶっちゃけ

3「借金をすれば相続税対策になる」は嘘！

ちまたでよく聞く「借金をすれば相続税対策になる」という話を考察していきましょう。結論から言うと、この話は嘘です。

不動産を購入するから相続税が減るのであって、**借金やローン自体に相続税を減らす効果があるわけではありません。**手元に余裕資金のある人は、手元の預金で不動産を買っても、借金して不動産を買ったとしても、減る相続税の金額は同じです。つまり、相続税対策のために無理にローンを組む必要はないのです。

ローンを組んで不動産を買ってもいい人は？

ただ、生活費や将来の相続税の納税資金を残しつつ、規模の大きめな不動産を買いたい方は、あえてローンを組んで不動産を買うのもよいでしょう。不動産を買うために手元の資金をほとんど使い、相続税の支払いに充てる資金を無くしてしまった場合は、延納（えんのう）（税金の分割払い）か、銀行から借金をして相続税を払うことを選ばなければいけません。

銀行は、相続税を払う目的でもお金を貸してくれますが、一般的にこの場合の金利はかなり高く、年利3~10%前後になることが多いです。ちなみに、延納の利子税は1%前後で銀行の金利よりも安いです。しかし延納は、当面の生活費（3か月分）だけの金銭を残し、それ以外の金銭はすべて納税に充て、それでも賄い切れない部分にだけしか認められません。非常に厳しい制度なのです。

一方、不動産を買うためのローンは、不動産に抵当権を設定される代わりに、**金利は比較的安く、自宅として使うなら住宅ローン控除が使え、投資用として使うなら利息は経費として扱えます。**相続税を払うための借り入れに比べてかなり得です（相続税を払うための利息は経費にできません）。そういった意味でも、あえてローンを組んで余裕資金を確保しておくのも一つの手ですね。

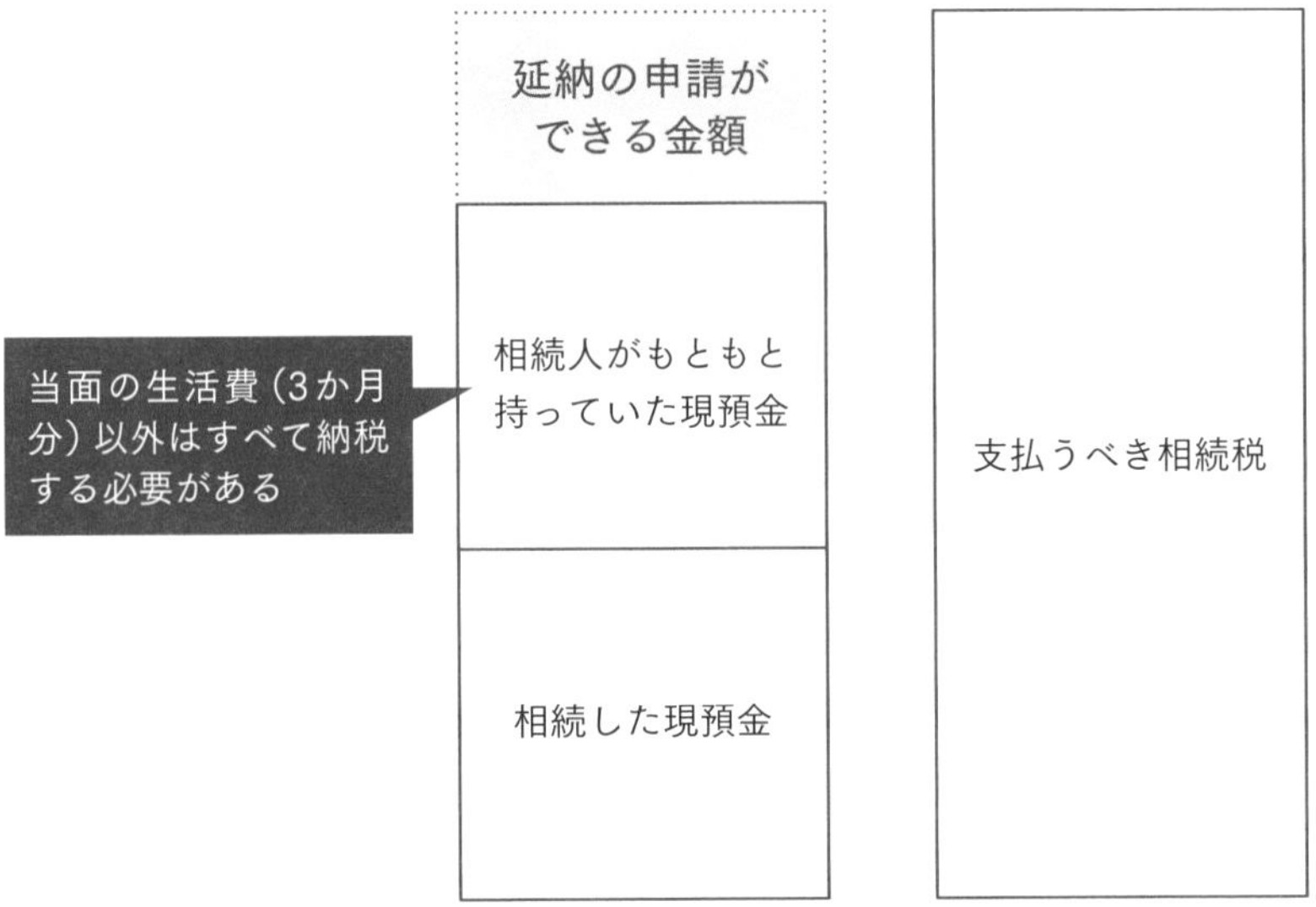

＼ぶっちゃけ／

4

「不動産の共有相続」はトラブルの元？意外な活用法を公開！

「不動産を共有で相続するのは、将来トラブルの原因になるのでよくない」という話は有名ですよね。しかしなぜ、不動産を共有で相続するとトラブルになるのでしょうか。原因と対策を知っておけば、不動産の共有相続は一概にダメというわけではありません。

まず、不動産を共有で相続した後に、お互いがその状態に不満がなければ、何も問題は起こりません。アパート等の場合には、共有持分の割合に応じて家賃収入を分けることになり、確定申告の計算作業等を共同で行う必要はありますが、お互いの仲が悪くなければ問題なしです。

トラブルが起こるのは共有者の1人が「不動産を売却したい」と考えたときです。

例えば、長男と二男が親から不動産を共有で相続し、その後に、二男がその権利を売却して、現金にしたいと考えました。しかし、長男は親から相続した大切な不動産を売却するのに反対。こうなってしまうと、土地を持ち続けたい長男と、キャッシュが必要な二男で意見が衝突することになります。

この状態のまま膠着してしまった場合、二男は長男を訴えることができます。これを共有物分割訴訟といいます。どのような判決になるかは、ほぼ3つのパターンに決まっています。

3つの判決パターン

1つ目のパターンは、**「その土地を分筆**(ぶんぴつ)**して分けなさい」**という判決です。1つの土地に線を引き（これを分筆といいます）、それぞれ1つずつ取得し、売りたい人は売り、持ち続けたい人は持ち続ける形になります。しかし、この方法は、既に土地の上に家が建っている場合や、分筆すると家が建てられないほど小さくなってしまう場合等には使えません。

その場合には2つ目のパターンに移ります。2つ目は**「一方の共有者が、一方の持分を買い取ってあげなさい」**という判決です。先ほどの例で言えば、二男の持分を、長男が買い取る形になります。この形が実現できれば、長男は土地を守り続けることができ、二男はキャッシュを手にすることができるので万事OKですね。長男が買い取れない場合には、3つ目のパターンに移行します。

それは**「不動産を丸ごと売って、キャッシュで分け合いなさい」**という判決です。この場合、長男の希望は叶いませんが、二男の希望は叶います。二男の権利を守るためにも仕方ない判断と言えますね。以上が、共有物分割訴訟の基本的なパターンです。まずは①分筆を検討し、それがだめなら②共有者の買い取りを検討、それもだめなら③一括売却という流れになります。

プロセスを知っておけば、対策も考えられます。ポイントはどこでしょうか。

それは**「一方が売りたいと考えたときに、もう一方が、持分を買い取れるだけの資金を持っていれば、争いはそれ以上発展しない」**ということです。先ほどの例で言えば、二男の持分を買い取れるだけの資金を長男が持っていれば、トラブルが深刻な状態になることもなかったと言えます。

ちなみに、不動産の権利は共有者の同意がなくても、第三者に売却することが可能です。つまり、二男が、長男に何も言わなくても勝手に売却することができるのです。ただ、「不動産の共有持分だけを欲しがる人なんているの？」と思いますよね？

実は、いるんです。

「共有持分、買い取ります」という電車の中づり広告を見たことがある方も多いのではないでしょうか。**大手の不動産会社でも、共有持分の買い取りを積極的に行っています。**

この不動産会社は、共有状態で悩まれている方の共有持分を、割安な金額で買い上げ、その後、残った共有者（先ほどの例でいえば長男）に対して、適正な金額で持分を買い取るか、不動産を共同で第三者に売却するか選ぶように、弁護士を連れて話をしに行きます。長男が要求を拒めば、その不動産会社は先ほどの二男と同

じように、共有物分割訴訟を始めます。こうなると長男と二男の関係は修復不能なまで悪化するかもしれませんね。

考えておくべきことは他にもあります。長男と二男の仲は良かったとしても、「将来、長男か二男に相続が発生した場合、その権利はそれぞれの妻や子に相続され、共有者がどんどん増えていく」点です。共有者が増えれば増えるほど、先ほどのようなトラブルは起こりやすくなります。

共有相続の意外なメリット

最後に、不動産の共有の良い点をお伝えします。それは**公平性に優れている**点です。相続の際に、不動産の相続税評価額を算出するのは比較的容易ですが、本当の意味での時価（売却価格）を算出するのは困難です。相続税評価額をベースに「公平な相続」を考えてしまうと、後々、時価と相続税評価額の差について「不公平だ！」と言われてしまうことがあります。

将来、不動産を売却する予定であれば、あえて不動産を共有で相続し、一緒に売却すれば、売却代金は持分に応じて分け合うため、完全に公平になります。売却の合意ができているのであれば、あえて共有で相続するのもありですね。

ぶっちゃけ

5 土地を分筆して節税するテクニック

土地に線を引いて分割することを分筆(ぶんぴつ)と言います。分筆をうまく活用すると、相続税を大幅に節税することができます。例えば、下図のような土地があったとします。

1㎡あたりの路線価が50万円の道路と、40万円の道路に面しています。この場合、価格の高いほうを**正面路線価**といい、低いほうを**側方路線価**といいます。角地は利便性が良いので、少々割高な評価額となります。計算式は、正面路線価＋側方路線価×3％になるので、1㎡あたり50万円＋40万円×3％＝51万2000円で計算することになります。

この状態から、次ページの図のように線を引

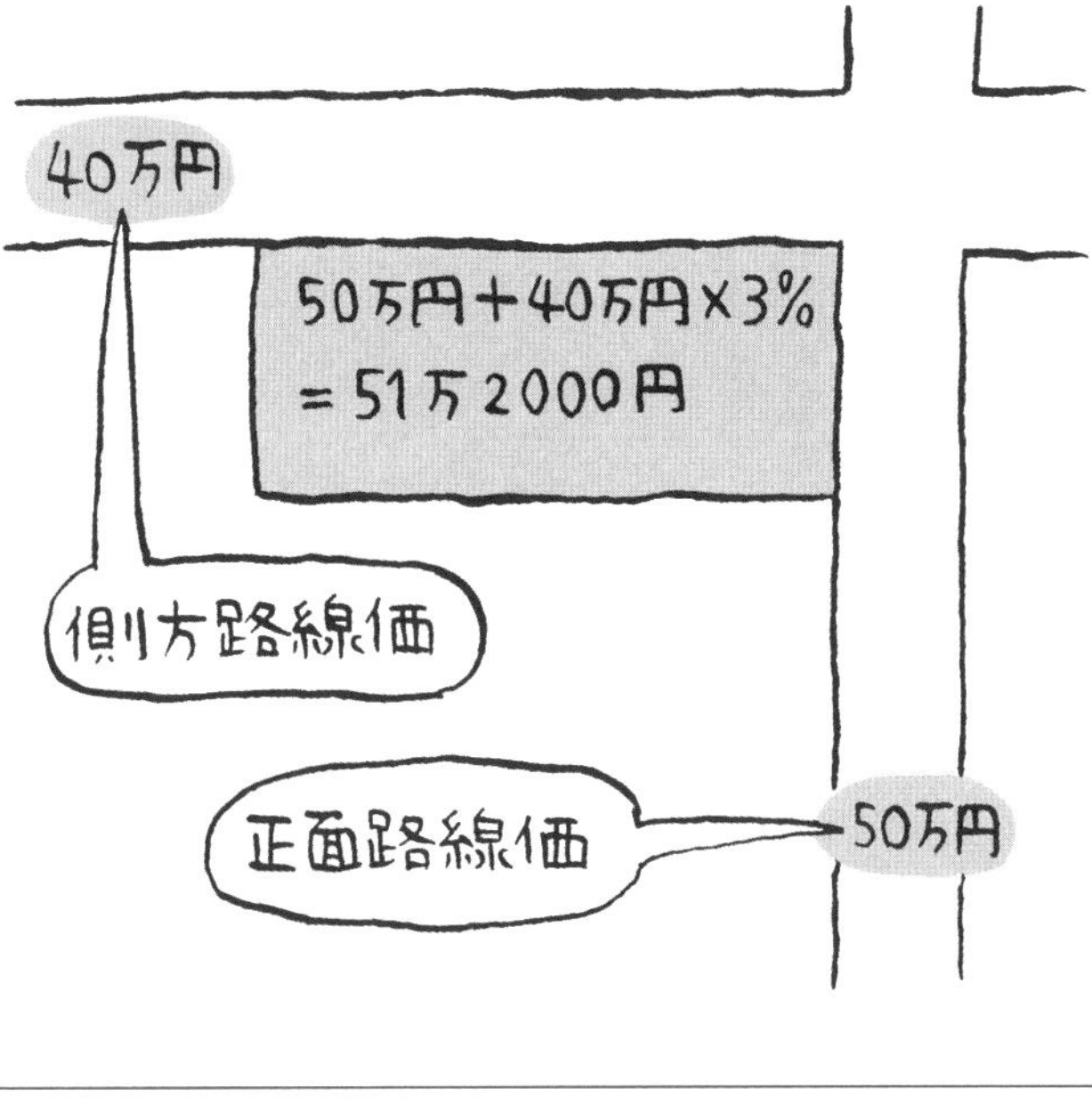

き、分筆します。

そして、この土地をそれぞれ長男と長女が相続したとします。すると、土地の評価額は下図のようになります。

長女が相続するB土地の評価額は変わりませんが、長男が相続するA土地は適用される路線価が51万2000円から40万円と、11万2000円も減少しました。もし、A部分の面積が100㎡であれば、1120万円も評価額が下がります。仮に、適用される相続税の最高税率が30％の人であれば、**税額ベースで336万円も節税**できることになります。ただ、A部分は相続税の評価額も下がりますが、実際の資産価値も下がります。角地のほうが人気もあり高値で取引されますからね。そのあたりも納得できるか検討したうえで、分筆するようにしましょう。

このように分筆の仕方によっては土地の評価額を大きく下げることができます。ただ、注意点も

あります。

このようなケースにおいて、分筆をした後に、A土地もB土地も同一人物が相続する場合には、2つの土地は1つの土地とみなして相続税評価額を計算しますので、A土地の評価額は下がりません。あくまで**「分筆をしたうえで別々の人が相続すること」が前提**です。また、相続税の節税だけを目的として、めちゃくちゃな分筆をしたと税務署から認定された場合には、不合理分割と言われ、これも土地の減額対象から外されます（下図参照）。

そもそも**分筆は、線を引いた後にそれぞれの土地で家が建つぐらいの広さがないとやるべきではありません。**住宅街において家が建てられないほど小さな土地は、買い手が非常に見つかりにくくなります。結果、土地の価値そのものが大幅に下がってしまいます。また、分筆後にそれぞれの土地が接道義務（幅員4m以上の道

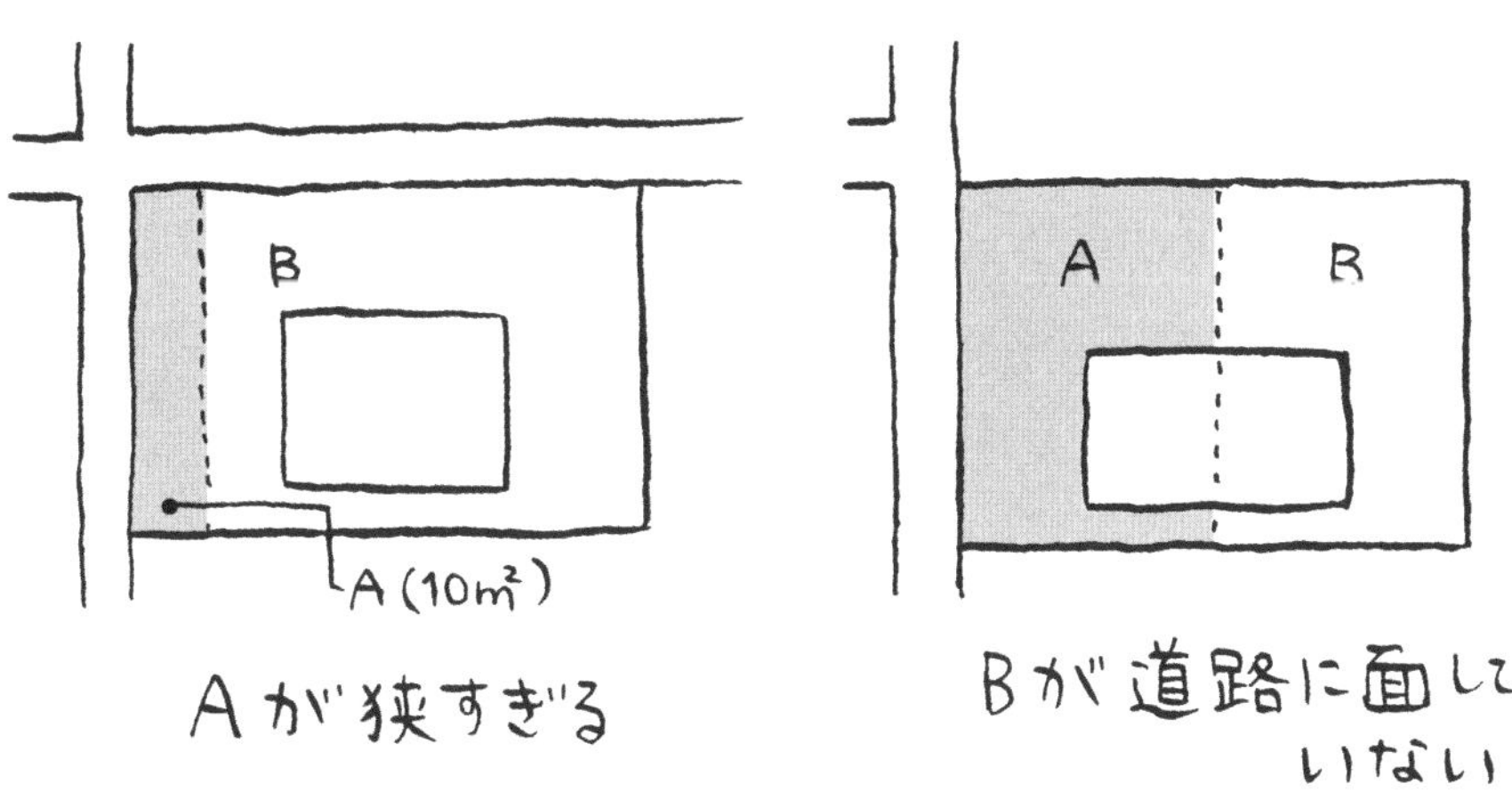

路に2m以上接していること）を満たす必要があるので、その点も注意しましょう。

相続発生後でも間に合う！

分筆は、相続が発生した後でも、相続人全員の同意があれば行えます。**相続発生後にできる数少ない相続税対策の1つ**です。

土地の分筆を依頼する専門家は、司法書士ではなく土地家屋調査士（とちかおくちょうさし）という専門家になります。税務署から不合理分割と認定されないように、分筆の内容を税理士と精査してから、土地家屋調査士に依頼したほうが無難ですね。費用は土地の形状等によって変わりますが、だいたい30万円前後。高くても100万円くらいが相場です。

土地の分筆は、相続税を減少させる効果だけでなく、相続人の争いを防ぐ効果も発揮します。できれば相続発生前から時間をかけて検討し、相続が起きる前に終えておいたほうがよいですね。

＼ぶっちゃけ／

6 過度に相続税を高く伝える悪徳業者の手口とは？

「将来発生する相続税を無料で算定します」

この謳い文句を見たら、**「タダより高いものは無い」**という言葉を思い出してください。

２０１５年より相続税の基礎控除が大幅に減らされました。「５０００万円＋１０００万円×法定相続人の数」から「３０００万円＋６００万円×法定相続人の数」になったのです。

これを受けて、相続税対策を謳ったビジネスが非常に大きな盛り上がりを見せています。健全に行う分には問題ありませんが、プロの目から見て、「これはダメでしょ！」と思うものも多々あります。

その代表例が**「相続税の無料試算サービス」**です。

「無料試算サービス」の問題点

大手銀行や、証券会社、ハウスメーカー等で行われており、将来発生する相続税を無料で計算してくれるサービスです。

このサービスにおける最大の問題点は、仮定条件を多く設定しすぎているため、実際の相続税とかけ離れた結果で報告をしている点にあります。

例えば**「小規模宅地等の特例は考慮しておりません」という仮定があるなら、その計算結果はほとんど意味がありません。**地価の高い地域においては、小規模宅地等の特例が使えるか使えないかで、相続税が何百万、何千万円と変わることはざらにあります。

他にも、「法定相続分で相続したものとして計算しています」という仮定がある場合も、実際の税額とかけ離れた結果になる可能性があります。先述した配偶者の税額軽減と二次相続の関係があるからです。夫婦両者ともそれなりに財産を持っている場合は、夫婦間では相続しないようにして、「法定相続分通りに分けないほうがよい」ことも多々あります。

ちまたで行われている相続税の無料試算サービスは、そのあたりの性質をすべて無視しています。結果として、**実態よりもはるかに大きい相続税額で報告し、世の中の人を過度に不安がらせている傾向があると感じます。**

実例「うちでアパートを建てませんか？」

先日、「あるハウスメーカーから『このままだと将来、多額の相続税がかかり、税務署から土地を差し押さえられるかもしれませんよ？　うちでアパートを建てて相続税対策をしましょう！』と営業を受けています。この話が本当なのか、プロの目から見てほしい」という依頼がありました。

相続税の計算をしたところ、小規模宅地等の特例を計算に入れれば、**相続税の負担はたったの50万円。**話を聞くと、その方は現在ご両親と同居しており、今後も同居を継続する予定でしたので、将来的に小規模宅地等の特例が使える可能性は十分にあります。にもかかわらず、ハウスメーカーが提示した無料の試算レポートには「小規模宅地等の特例は考慮しておりません」と小さく書かれており、1000万円以上の相続税が発生する結果になっていたのです。

もしその方がセカンドオピニオンをせずに、ハウスメーカーの提案のままアパートを建築していたらと思うと、複雑な気持ちになります。これは氷山の一角にすぎず、世の中ではこのような営業が山ほど行われていると思うと暗い気持ちになります。

相続税の試算（現状分析）は、医療でいえば人間ドックのようなもの。世の中で行われてい

る相続税の無料試算サービスは、無免許医師から、「診断の結果、あなたはがんです（血液検査等はしていませんが）。このままだとまずいので、抗がん剤治療を始めましょう」と言われるのに近いことだと私は思っています。

（※もちろん、ひとつひとつの試算を税理士に有料で依頼し、きちんとしたものを作成している会社もあるので、すべてダメというわけではありません）

相続税の計算は「無料」ではできない

将来発生する相続税を実態に近い金額で算出するのは、無料で行えるほど簡単ではありません。財産の評価額を正確に把握し、遺産の分け方を決め、小規模宅地等の特例が使えるかどうかを慎重に判断し、初めて実態に近い相続税額が算出できます。**相続税対策で一番大事なのは、現状の正しい分析**です。「安物買いの銭失い」にならないよう、用心してください。

＼ぶっちゃけ／

7 相続登記の義務化！名義変更を放置すると大きなペナルティ！

2024年4月1日より相続登記が義務化されます。「これから相続する人の話でしょう?」と思われている方が多いのですが、残念ながら、**過去に不動産を相続して名義変更をしないまま放置しているすべての人が、罰則の対象になる予定**です。

これまで相続登記には、期限や罰則はありませんでした。そんな相続登記が、この度、なぜ義務化されることになったのか、その背景には所有者不明土地が増加していることがあります。

国土交通省の地籍調査（平成28年度）によると、この所有者不明土地は、面積でいうと410万haに相当し、九州の土地面積（368万ha）を超えています。高齢化によって、死亡者数が増加すると、今後この「所有者不明土地問題」はますます深刻化することが予想されます。こうした背景から、**所有者がわからない土地を増加させないための施策として、この度、相続登記が義務化**されることとなりました。

2024年4月1日以降、義務化された後のルールは「相続（遺言も含みます）によって不動産を取得した相続人は、その所有権の取得を知った日から3年以内に相続登記の申請をしなければならない」「このルールに違反すると10万円以下の過料に科される」と意外とシンプルです。**ポイン**

トは、**「故人の死亡した日」から3年ではなく、遺産分割協議で不動産を取得した場合は、遺産分割が成立した日から3年以内に申請する点**です。

なお、義務化が始まる前に相続が開始した方で、現在、相続登記を済ませていない人も対象になります。ただし、義務化が始まる日（２０２４年4月1日）から3年以内に相続登記を行えば、過料は科されません。相続登記未了の不動産がある場合は、早急に着手しましょう。

相続登記の義務化に伴って、３年以内に事情があって相続登記ができない場合の対策として「相続人申告登記」が新設されます。

登記上の所有者が亡くなっているが、相続人間で遺産分割の話し合いがまとまらないなどの事情があり、**相続登記を3年以内に申請することができない場合に、「登記上の所有者が亡くなった旨」「自らが相続人である旨」を法務局に対し、申し出る**制度です。この申出をすることによって、３年以内に相続登記の申請義務を履行したものとみなされ、10万円以下の過料を一時的に免れることができます。この申出を受けると法務局の登記官が職権で、申出をした人の氏名および住所等を登記します。このとき、通常の登記とは異なり、持分の記載はされません。

この相続人申告登記は、相続を原因とする所有権の移転登記ではなく、あくまで「報告的」な仮の登記です。つまり、相続人申告登記をしただけでは、売却等はできません。この制度は、相続人のうち1人が相続人申告登記をした場合であっても、その効果は他の相続人まで及びません。１人ずつ申出をする必要があり、申出をした人ごとに登記簿に記載されていきます。

参考：https://www.moj.go.jp/content/001372210.pdf

＼ぶっちゃけ／

8 困った土地を権利放棄できる制度が始まる

原野商法という言葉をご存じでしょうか。バブルの真っただ中、「今後、この土地はリゾート地として開発されるので、今のうちに買っておけば値上がりして大儲け間違いなしですよ」という（嘘の）うたい文句で、日本中の山林を高値で販売していた悪徳業者がおり、この販売手法のことを原野商法といいます。

原野商法の被害にあわれた方で、いまだに地方の山林を所有している方や、先祖代々相続してきた山林の処分でお困りの方が世の中にはたくさんいます。皆さん「売りたいけど、買い手がつかない。タダでもいいから手放したいと役所に相談したが断られた」と、途方に暮れています。

固定資産税は安くても、相続税は高いかも！

ちなみに、固定資産税は同じ市区町村内に所有している土地の価格の合計が30万円未満になると免税されます。そのため、地方に所有する山林に固定資産税が課税されていないケースも多々あります。だからと言って放置していいわけではありません。**産業廃棄物の不法投棄や、災害による土**

砂崩れが起きたような場合には、所有者に責任が生ずる可能性も大いにあります。

また、固定資産税がかからなくても、相続税は課税される点にも注意が必要です。固定資産税が免税されている土地は、固定資産税を通知する書類が届かないため、相続のときに発見されずに申告漏れになってしまうケースがあります。

さらに注意が必要なのが、**固定資産税の評価額は小さくても、相続税の評価額はそれなりに大きくなることもある**点です。地方の山林は路線価がなく、固定資産税評価額に一定の倍率を乗じて計算する、倍率方式という評価方式が適用されるのですが、山林に対しては10～100倍近い倍率が適用されるため、思った以上に相続税評価額が大きくなる傾向があります。

実際に、以前、千葉県の山林（約2400㎡）を評価したときには、固定資産税評価額は10万円だったのに対し、倍率は62倍と指定されており、相続税評価額は620万円になりました。

相続土地国庫帰属制度、2023年4月から始まる！

不要な土地を相続した場合、一定の要件を満たすと、その土地だけ相続せずに、国庫に帰属させることできる制度が、2023年4月27日から始まりました。ただ、その承認を得るためには、厳しい審査や負担金があるため、手放しに喜ぶことはできません。

例えば、建物のある土地、土壌汚染されている土地、境界が明らかでない土地、所有者について係争のある土地などは、審査を申請することすらできません。審査まで進んでも、勾配のきつい崖のある土地や、竹などの、放置すると他人の土地に根っこが侵入する恐れのある木が生えている土地などは却下される可能性が高いのです。

また、審査で承認された場合でも、国に20万円から100万円を超える負担金を納めなければいけません。負担金の金額は、土地の種類や面積などによって決められます。

これらを鑑みると、**不要な土地であったとしても、まずは周辺の不動産業者に相談をし、安い金額でもいいので、売却する努力をするのがオススメ**です。負担金を払うくらいであれば、二束三文でも売れたほうが得ですよね。どうしても売れそうにない場合には、この制度を使っていきましょう。法務省のホームページに制度の詳しい概要が掲載されています。ぜひご覧ください。

参考 https://www.moj.go.jp/MINJI/minji05_00457.html

第6章

税務調査をぶっちゃけます！

税務調査を甘く見てはいけません。調査官は国家権力により、あなたのあらゆる情報を持っているのです。恐ろしいことに、税務調査に選ばれた9割近い家庭に追加の税金が発生しています。調査官の「生態」に迫ります。

＼ぶっちゃけ／

1 6人に1人が狙われる税務調査のリアル

私はこれまで30～40件ほど、相続税申告の税務調査に立ち会ってきました。その経験から、「税務調査は世の中の人が考えている以上に厳しい」と断言できます。

調査官の口調や態度が横柄という意味ではありません。**調査官の調査能力が私たちの予想をはるかに上回る精度**であるという意味です。

２０２１年、相続税の税務調査は６３１７件、税務調査ほど厳しくない「簡易な接触」が１万４７３０件。合計２万１０４７件の調査が行われました。年間の相続税申告は13万４２７５件なので、およそ6件に1件の割合で調査が行われていることになります。そして**税務調査に選ばれてしまうと、なんと87・6％の人が追徴課税**になっています（２０２１年実績）。税務署は申告期限から5年間、税務調査を行う権限があります。ただ、実務上は、申告書を提出した1年後の夏（7月中頃）か2年後の夏に調査が行われるのが一般的です。

税務調査で間違いを指摘され追徴課税になれば、罰金的な税金もかかります。納めた税金が少なかった場合は過少申告加算税（5～15％）。そもそも申告すらしていなかった場合は無申告加算税（10～20％）。仮装隠蔽（かそういんぺい）により税金を故意に逃れようとした場合は重加算税（35～40％）と重いペナルティが課せられます。さらに、申告期限（相続発生から10か月）から追徴税を納めるまでの利息が年2・4％（2022年時点）も加算されます。ちなみに2021年度の税務調査の統計によれば、**追徴課税となった人のうち、15・5％の人に重加算税が課されています。**健全な節税は推奨しますが、財産を隠す行為や、実態と異なる形を装って特例を使う行為は、節税ではなく脱税です。最悪の場合、刑事罰の対象になることもありますので絶対にやめましょう。

約6件に1件と聞いて、皆さんはどう感じますか。私は非常に大きな割合だと感じます。所得税や法人税等の他の税金であれば、税務調査に選ばれる確率はせいぜい1～2％です。所得税や法人税は毎年納める税金で、かつ、母集団が相続税よりも圧倒的に大きいので、税務調査に選ばれる確率も相対的に低くなります。

一方で相続税は亡くなった方ひとりにつき、生涯で一度きり発生する税金です。税務署も「ここで逃してなるものか！」という姿勢で、怪しい人に対しては躊躇なく税務調査を行います。

どんな人が税務調査に選ばれる？

ここで皆さんが気になるのは「どのような人が税務調査に選ばれるの？」ということだと思います。税務調査の話をすると、「そんなに大きな財産は無いから、税務調査は心配ありません」と仰る方が大変多いのですが、その考えは危険です。

近年のトレンドとして、**「基礎控除を超えるか超えないかギリギリの方で、相続税申告を行わな**

かった無申告者」に対する税務調査の件数が非常に伸びています（下図参照）。「うちには大した財産もないから」と高を括（くく）ってしまった人たちの末路とも言えます。

恐ろしいことに、国は、あなたが大体どのくらいの財産を所有しているか把握しています。国税庁には、国税総合管理（ＫＳＫ）システムという巨大なデータベースがあり、全国民の毎年の確定申告（サラリーマンの場合は給与の源泉徴収票）の情報や、過去にどのくらいの遺産を相続したか等の情報が集約されています。その情報をもとに、「この人はこれくらいの財産を持っているだろう」という理論値を計算します。**税務調査に選ばれるのは、ＫＳＫシステムが弾き出した理論値と、実際に申告した遺産額に大きな乖離（かいり）がある方**です。他にも税務調査に選ばれやすい人の特徴があります。それは適用される相続税の最高税率が高い人です。

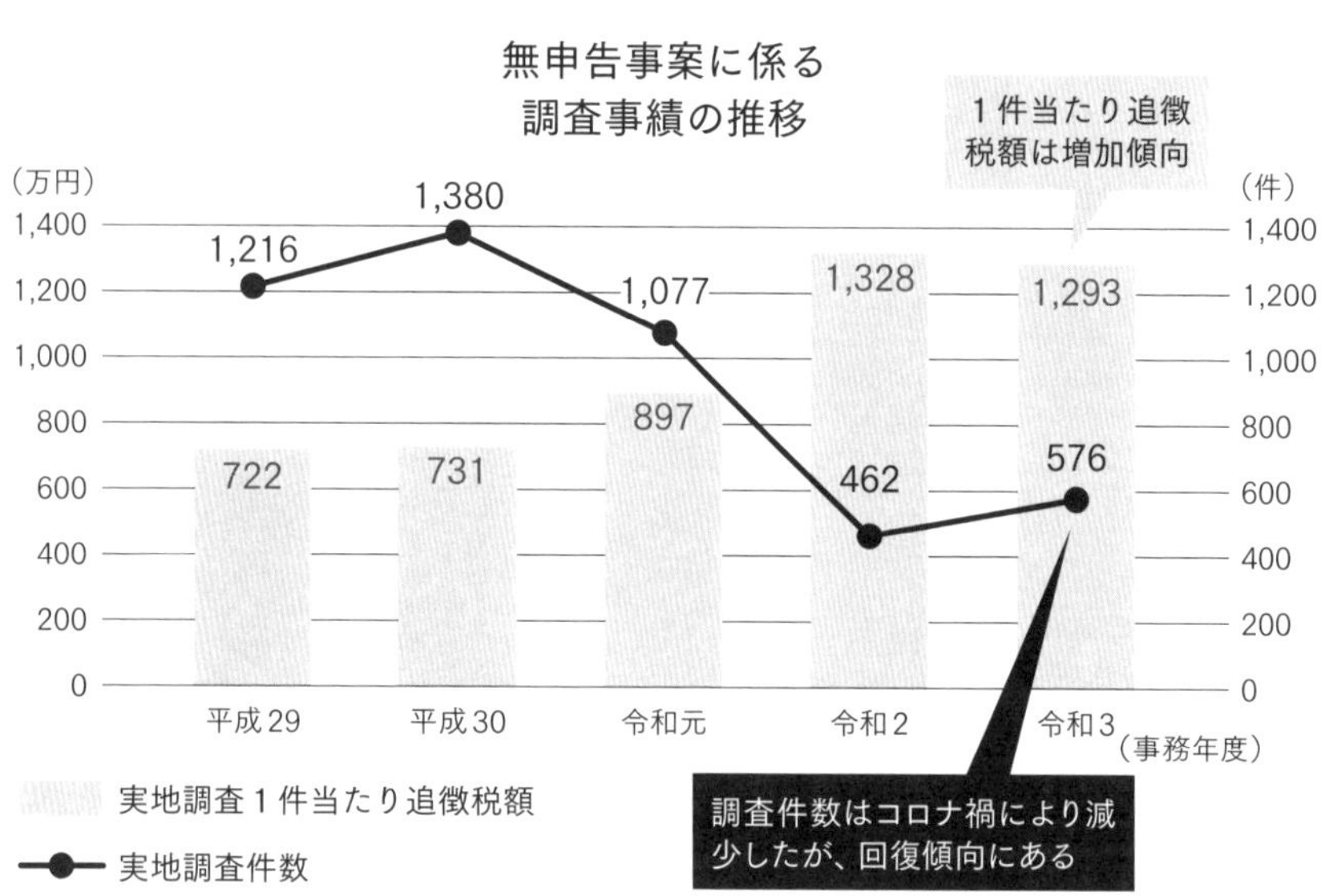

※「令和3事務年度における相続税の調査等の状況」より

税務調査に選ばれるのは、どっち？

例えば、遺産1億円、相続人1人（子）の家庭と、遺産2億円、相続人4人（子）という家庭がある場合、どちらのほうが調査に選ばれる可能性が高いと思いますか。財産規模は2億円の家庭のほうが大きいですが、私が調査官なら遺産1億円、相続人1人（子）の家庭を調査します。

その理由は適用される相続税の最高税率にあります。遺産1億円、相続人1人の場合、適用される最高税率は30％。一方で、遺産2億円、相続人4人の場合、適用される最高税率は20％。この2つの家庭で、仮にそれぞれ1000万円の申告漏れ財産が見つかった場合、最高税率30％なら追徴税額は300万円ですが、20％なら200万円になります。**調査官目線で言えば、同じ労力でも成果が1・5倍も変わるのです。**調査官の仕事は、限られた時間とエネルギーの中で、効率よく追徴税を徴収していくことです。適用される最高税率が高い人から優先して調査したほうが、税務署のコストパフォーマンスも向上するというわけです。

ちなみに、調査官に追徴税額のノルマは課されていませんが、年間に行う調査件数にはノルマがあるそうです。しかし、追徴税額のノルマは無いものの、大口で悪質な納税者の取り締まりができたときは、出世に好影響を及ぼすらしく、調査官が重加算税を課税したがっているように感じるときが多々あります。

\ぶっちゃけ/

2 税務調査で最も狙われるのは「名義預金」

税務調査で調査官は何をチェックするのでしょうか。現金などを隠していないか疑われ、家の中を探されることもありますが、実は、そのようなケースは非常に稀(まれ)です。

調査官が主に見るのは、亡くなった方の過去10年分の預金通帳です。「相続税を（脱税的に）少なくしたいなぁ」と考える人は皆、似たようなことをします。

「通帳にお金が残っていると相続税がかかってしまうなら、何とか少なく見せかけよう」と、通帳から現金を引き出してタンスに隠したり、妻や子や孫の通帳に生前贈与を装って振り込んだりします。しかし、そういった痕跡は預金通帳にしっかり残ります。引き出した現金を実際に生活費として使っているのなら問題ありませんが、その真偽を調査官は厳しくチェックしていくのです。

なぜ10年なのかというと、銀行には10年分の履歴しか残っていないからです。もし、10年以上前の通帳の現物が残っているなら、それも調査の対象になります。過去の通帳は、良くも悪くも税務調査における重要な証拠になります。すでに処分してしまったものは仕方ありませんが、相続税の申告が必要になる方は残しておいたほうがいいですね。

税務調査で最も問題になるのは名義預金です。**名義預金とは、真実の所有者と名義人が異なる預

金を指します。わかりづらいと思うので、たとえ話で解説します。

皆さんが小学生の頃、隣の席の友達が使っている筆箱がどうしても欲しかったとします。そこで休み時間中にこっそり、その筆箱に書かれている友達の名前を消して、あなたの名前を上から書きました。さて、その筆箱はあなたのものになりましたか？　なっていませんよね。名前はあなたの名前かもしれませんが、本当の持ち主は友達のままです。

このように真実の所有者（友達）と名義人（あなた）が異なる財産のことを名義財産と言うのです。**相続税は、財産の名義は関係なく、真実の所有者がその財産を所有しているものとして課されます。**税務調査では、亡くなった方の配偶者や子、孫名義の財産のうち、実質的に亡くなった方の財産（名義財産）がないかどうかを徹底的にチェックするのです（名義預金は名義財産の1つ）。そして名義財産と認定されたものは故人の遺産と合算して相続税を支払うように迫られるのです。

名義財産（預金）が最も指摘されるケースは、親から子（孫）への送金です。生前贈与のつもりで行ったものであっても、「生前贈与の実態がない」と言われ、名義預金と認定されてしまうのです。

大事なポイントは、**生前贈与という行為は、名義を変えただけでは認められず、真実の所有者まで変える必要があるということです。**具体的にどうすればいいのか。ポイントは2つあります。

名義預金判定のポイント①　両者の認識の合致

1つは、「あげた、もらったの約束ができていたかどうか？（両者の認識の合致）」です。生前贈与は民法第549条にその定義があります。
「贈与は、当事者の一方がある財産を無償で相手方に与える意思を表示し、相手方が受諾をすることによって、その効力を生ずる」

これが贈与の定義です。贈与は、あげる人が相手に「あげます」という意思を表示し、相手（もらう人）が「もらいます」という意思を表示して、初めて効力を生ずる契約とされています。つまり、**「あげます」と「もらいます」の両者の認識の合致がなければ、贈与契約は成立しない**のです。この点を踏まえて、世の中でよくあるケースを考えてみましょう。将来の相続税対策を考えるA子は、孫（20歳）に対して、毎年110万円ずつの生前贈与をしようと考えていました。しかし、まだ学生である孫に毎年110万円も贈与してしまったら、金銭感覚を大きく狂わせてしまい、教育上良くないと考えました。そこでA子は孫から通帳（孫名義）を

借り、その通帳に毎年110万円ずつ振り込み、積み立て貯金をすることにしました。孫にはそのことを伝えず、通帳やキャッシュカードはA子の金庫に保管していました。

このケースにおいて、贈与契約は成立しているでしょうか。A子はお金を振り込んでいるので「あげます」という気持ちはあったかもしれません。しかし、孫は贈与を受けていることを知らされていませんので、「もらいます」という意思表示はなかったことになります。この事実が調査官に知られると、「あげた、もらったの約束ができていない以上、贈与契約があったとは認められません」と言われ、孫名義の通帳にあるお金も、実質的にはA子の財産として相続税の対象になります。このような**相手方（孫）に秘密の生前贈与は税務調査で100％アウト**です。

今紹介したのは「あげた認識はあるけれど、もらった認識はない」というケースでしたが、逆のパターンも存在します。「もらった認識はあるけれど、あげた認識はない」というケースです。

多いのは意思能力のない親の通帳から子供が勝手に自分の通帳に送金するケースです。重い認知症を患っていた親からの送金や、相続開始直前の昏睡状態の間に行われている送金は、もらった側の人がいくら「もらった認識があります」と主張をしても、「あげます」という意思表示はなかったと認定されれば、贈与契約はできていなかったとして名義預金とされてしまいます。

名義預金判定のポイント② 管理処分権限の移行

2つ目のポイントは「もらった人が、自分で自由にそのお金を使うことができたか」です。贈与という行為は、プレゼントと同じです。「プレゼントをもらったけれど、自分では使うことができない」というのはおかしな話ですよね。税務調査の現場では、「自分で自由に使えないのなら、もらっていないのと同じ」と扱われます。

そのことを踏まえて、先ほどのケースを考えてみましょう。孫の通帳やキャッシュカードはA子が金庫の中に保管していたため、孫はお金を自由に引き出すことはできない状態でした。このことが調査官に知られたら「お孫さんが自分で自由に使える状況になかったのなら、贈与と認めることはできません。名義預金として修正申告してください」と言われるでしょう。

このように、**名義預金と判断されるポイントは、①「あげた、もらったの約束がきちんとできていたか」、②「もらった人が、自分で自由にそのお金を使うことができたか」の2つです。**両方とも満たさないと、贈与の実態がないと認定され、名義預金として相続税の対象となり、追徴課税されてしまいます。

ちなみに、贈与税には原則6年、悪質でも7年という時効が存在します。本来、贈与税の申告をすべき人でも、無申告のまま7年が経過すれば、贈与税の納税義務は消滅します。しかし、名義預金と認定された場合は、そもそも生前贈与と扱われないので、時効は適用されません。30年前にできた名義預金であったとしても、相続税の対象になります。名義預金は、相続税の税務調査で最も重点的に調べられるポイントになります。次項より一緒に対策を考えていきましょう。

3 税務調査対策① 贈与契約書で証拠を残す（サンプルも公開）

生前贈与は、「あげます」と「もらいます」の2つの意思表示があって初めて成立する契約です。しかし、本当にそういった約束ができていた場合でも、相続が発生した後では「死人に口なし」です。一体どのように証明すればよいのでしょうか。

税務調査の現場では「疑わしきは罰せず」の考え方が採用されています。追徴課税をするには、税務署側がそれなりの客観的な証拠を用意する必要があるのです。

ただ、このあたりの線引きはかなり曖昧で、納税者が矛盾した発言を繰り返したりすれば、証拠がなくても追徴課税されることもあります。

調査官の質問は非常に秀逸で、嘘があぶり出される構造になっています。

「過去の生前贈与について『あげた、もらった』の約束はできていましたか？」というように、ストレートに質問してくることはまずありません。まず、調査が始まると**「お父様は、いつ頃から入院され、いつ頃から意識が曖昧になりましたか？」のような、直接相続税に関係なさそうな質問がされます。**これに対して、「ん〜。2022年1月頃から昏睡状態になっていましたね」と素直に答えると、調査が後半に進んでから「2022年に親子間の送金がありますが、2022年の時点でお父様の意識はなかったと先ほど仰ってましたよね。すると、『あげた、もらった』の約束はできていなかったことになりますが、そのあたりはどうですか?」と追及されることになります。

調査の前半では相続税に関係なさそうなことばかり質問されますが、これらはすべて**調査の後半で納税者の言い逃れを潰すための布石**です。外堀を完全に埋めてから、核心的な質問を投げかけるので、どんな嘘もあぶり出されてしまうのです。

贈与契約書の作り方

そもそも、贈与契約は口頭だけでも成立するので、証拠がなくても贈与は成立します。しかし、転ばぬ先の杖として、証拠はしっかり残しておきましょう。私が最もオススメするのが贈与契約書です。契約書と言うと堅苦しいイメージがあるかもしれませんが、シンプルなもので大丈夫です。

あげる人(贈与者)、もらう人(受贈者)、贈与するもの(金額)、贈与する日(引き渡す日)、お互いの住所・氏名を書き、押印して完成です(認印でも実印でもOK)。贈与契約書は2通作成し、お互いが1通ずつ保管しましょう。**大事なポイントは「氏名だけは必ず直筆でサインすること」です。**それ以外はパソコン等で作成してもかまいません。氏名が直筆でないと、贈与があったことを証明する証拠として意味がありません。税務調査では、筆跡が非常に重要な証拠として扱われます。人の字には十人十色の癖があります。亡くなった方の手帳などに記載されている字と、契約書の字を比べれば、本人が書いたかどうかはすぐわかってしまうのです。

贈与契約書

贈与者　　　　　　　を甲とし、受贈者　　　　　　　を乙として、
甲乙間において次の通り贈与契約を締結した。

第１条　甲は現金　　　　　円を乙に贈与することを約し、
乙はこれを承諾した。

上記契約を証するため本証書を作成し、各自署名押印する。

贈与者（あげる人）、
受贈者（もらう人）、
贈与するものを
明記する

令和　　年　　月　　日

贈与者（甲）
住所
氏名　　　　　　　　　　　　　　　　印

贈与する日、
お互いの住所・
氏名を明記する

受贈者（乙）
住所
氏名　　　　　　　　　　　　　　　　印

認印でも実印でも OK

＼ぶっちゃけ／

4

111万円の贈与は税務調査を誘発する

贈与契約書についてよくいただく質問に回答します。

Q **贈与契約書は毎回作らないといけませんか？**

A はい。大変かもしれませんが、贈与をする都度、毎回作ることをオススメします。人は年を取るほど認知症等の病を患うリスクが高くなります。お亡くなりになる直前に行われた贈与時点においても、贈与者（あげる人）の意思能力がしっかりあったことを証明するために、贈与契約書は毎回作ったほうがいいです。

Q **これまで贈与契約書を作ってこなかったのですが、日付を遡って贈与契約書を作成してもいいですか？**

A それはダメです。**過去の日付で契約書を作成する行為は「バックデイト」という文書偽装行為**にあたります。バックデイトが調査官に見つかれば、重加算税の対象になる可能性もあるので、絶対にやめましょう。過去分の贈与契約書を作っていなかった場合は、贈与した人ともらった人の間で「過去の送金は、生前贈与であったことを確認する」という覚書を交わしておくのも一つの手です。贈与契約書を作っていなくても、贈与契約は口頭だけで成立します。これから贈与契約書をしっかり作るのであれば、過去に行われた贈与の契約書がなくても、そこまで不安に思わなくても大丈夫です。

ちなみに、金銭の贈与であれば贈与契約書に収入印紙を貼る必要はありませんが、不動産の贈与には一律200円の収入印紙が必要になります。あまり知られていませんが、収入印紙の柄は不定期に変えられています。デザインそのものの変更はあまりないですが、透かしの糸の色だけが変えられる場合もあるそうです。そのため、**文書作成時には存在しない収入印紙が貼られていると、バックデイトを強く疑われます。**

Q　**111万円の贈与をして、贈与税を少しだけ納税すれば、贈与契約書を作成しなくても問題ないと聞きました。**

A　これも間違いです。あえて110万円を1万円だけ超える111万円を贈与し、1000円だけ贈与税を納める税務調査対策があります。これは税務署に対して「私は贈与税の申告をして、贈与税も払って、きちんとした形で贈与を受けていますよ」とアピールするために行います。一見よい対策に見えますが、**むしろ税務署から目を付けられ、税務調査を誘発するケースがあります。**

調査官は贈与税申告書の「ここ」を見る

本来、贈与税の申告は財産をもらった人が行わなければいけません。それにもかかわらず、財産をあげた人（親）が、もらった人（子）の名前で勝手に贈与税申告書を作成し、納税まで済ませてしまうことがよくあります。

贈与税の申告は、提出の際に身分証明書は一切必要なく、郵送だけでも可能です。そのため、親が子の名前の申告書を作り、郵送で提出すれば手続は完了です。

しかし、贈与税申告書の筆跡や、納税された通帳の履歴等を見れば、親が子の名前で勝手に申告をしていたかどうかは、税務署側では大体わかります。生前贈与そのものは「あげた、もらったの約束」等がしっかりできていれば成立しますので、贈与税の申告を親が代わりに行ったとしても、直ちに贈与そのものが否定されるわけではありません。

しかし、そういった贈与税申告が行われている場合、**調査官には「贈与税の申告書は提出されているものの、子供は贈与のことを知らされていないのではないか？」と映り、疑いを持たれます。**結果として、相続が発生したときに税務調査に選ばれ、過去の贈与税申告の真相について追及される可能性があります。

このやり方の本来の趣旨通り、贈与で財産をもらった人が、自ら贈与税の申告をし、納税まで済ませるのであれば、何も問題ありません。しかしいつの間にか、**「贈与税を少しだけ納めれば、名義預金にならない」という間違った認識**が世の中に広がり、余計に怪しい贈与税申告書が税務署に提出される結果になっています。贈与税を払うこと自体に意味があるのではなく、贈与で財産をもらった人自らが申告手続をすることに意味があるのです。

Ｑ　まだ小さい子供に対して贈与する場合はどうすればいいですか？

Ａ　未成年者に対する贈与の場合には、未成年の代わりに親権者がサインすればＯＫです。「受贈者○○（孫の名前）」の下に「親権者□□が代筆」と添えれば大丈夫です。

贈与契約書は、作成してすぐに税務署へ提出するものではありません。相続税の税務調査に選ばれたときや、相続人の間で過去の贈与についての争いが起きたときに、「贈与が適正に行われていたことを証明する証拠」として使います。転ばぬ先の杖として、しっかり保管するようにしましょう。

＼ぶっちゃけ／

5 税務調査対策②　もらったお金は実際に使う

「あげた、もらった」の約束ができていても、そのお金をもらった人が自由に使える状況になかったなら、名義財産と認定されます。

ポイントは**「実際に使っていたかどうかではなく、自由に使える状況にあったかどうか」**です。この論点を巡って、これまで数多くの納税者VS国税庁の裁判が行われてきました。

裁判例を挙げます。夫が稼いだお金を、妻名義の証券会社に預け入れ、妻が銘柄選びや証券会社とのやりとりも行っていました。しかし、妻が運用以外の用途で金銭を使おうとしたところ、夫は「このお金は、将来困ったときのために使うものだから、贅沢のために使うことは許さん」と認めませんでした。これを理由に妻名義の証券口座にある株や投資信託は、すべて名義財産と認定されたのです。

証券口座の管理をする権限を妻に与えたとしても、自分の判断だけで自由に使える状況になかったなら、それは贈与と認められないということです。

私の肌感覚としても、先の「あげた、もらった」の約束よりも、**自分で自由に使えたかどうかのチェックのほうが厳しい印象を受けます。**税務調査に選ばれると、通帳・印鑑・キャッシュカードの保管場所、暗証番号（ネット銀行の場合はパスワード）を自分で知っているか、口座開設の手続を誰が行ったかなどを、根掘り葉掘り徹底的に質問されます。その回答を精査して、当時から自分で使える状況にあったかどうかのチェックをするのです。納税者が「当時から自由に使える状況にありました」と主張するのに、「暗証番号は知りませんでした」や「保管している金庫の開け方はわかりませんでした」というのは矛盾していますよね。

贈与をするなら、通帳、印鑑、キャッシュカードは、きちんと贈与した相手に自分で管理させることをオススメします。未成年者の通帳やキャッシュカードについては、親権者が管理をしても問題ありません。ただ、成人を迎えたときには、通帳等の管理をバトンタッチする必要がありますので、贈与をするなら、最初からそのつもりでいる必要があります。

調査官が「怪しい！」と思う通帳とは？

ここで、ちょっとしたクイズを出します。税務調査に選ばれると、亡くなった方の通帳だけでなく、相続人の通帳もチェックされます。そこで、調査官が「この相続人の通帳、名義預金なんじゃないか？」と疑いの目を向ける通帳には、みな同じ特徴があります。その特徴は何でしょうか？

答えは、**入金しかない通帳**です。

通帳には、お引き出し欄とお預かり欄の2つの欄がありますよね。そのうち、入金（お預かり）しかなく、出金（お引き出し）がない通帳を発見すると、調査官はこう質問してきます。「この通帳のお金、全然使った形跡がありませんが、使わなかった理由はありますか？」

この質問に対して、「使う必要がなかったので貯金していただけです」と答えるのであれば問題ありません。しかし「この通帳は、私ではなく父が管理していたので、使うことはできなかったんですよ」と答えたら、一発で名義預金と認定されます。調査官は「使わなかった」ではなく、「使えなかった」のではないかと疑っているのです。そのため、出金の形跡の無い通帳には疑いの目が向けられます。

裏を返せば、贈与されたお金を、もらった人が実際に自由に使っていた記録があるなら、名義預金と認定される可能性は限りなく0に近づきます。通帳、印鑑、キャッシュカードを本人に管理させ、その通帳のお金を実際に使っていくことが、最も盤石な税務調査対策です。また、**普段から生活費として引き出しをしている通帳に、贈与のお金を振り込んであげるのも、非常に良い対策になりますね。**

ぶっちゃけ

6 「専業主婦だった奥さまの通帳に多額の預金があるのはおかしい」

結婚後、長年専業主婦をしており、かつ両親から大きな遺産を相続したわけでもない。そのような妻の預金通帳に1000万円や2000万円、はたまた3000万円を超えるような大金がある場合、その預金は名義預金で、実際には夫の財産ではないかと疑われることがあります。

実際に本人に話を聞いてみると、大抵の場合、妻の通帳にあるお金は、元を辿ると夫が稼いだお金で構成されています。夫が稼いだ給与のうち、生活費として残った金額を妻の通帳に入金して積み立てている方もいれば、夫の退職金のうち、一定額を一気に妻の通帳に送金している方もいます。

夫婦の間であったとしても、年間110万円を超える贈与をしたなら贈与税の申告が必要です。しかし実際は、申告をせず、そのまま放置している方が大半です。本人たちの認識としても、「贈与で妻に財産をあげた」という認識ではなく、「夫婦の財産として管理しやすいように妻名義の預金通帳に入金しているだけ」という認識の方が多いのです。ただ、もし**「贈与をした認識ではなく、管理がしやすいため妻名義にしていた」のなら、その妻名義の預金の真実の所有者は夫**です。ここでも「あげた、もらったの約束」の考え方が出てくるのです。

過去にも「生活費の残りは妻にあげる」という夫の発言が、贈与契約として成立するかどうかを争った裁判がありました。最終的にこの裁判で納税者は敗訴。つまり、贈与契約とは認められず、名義預金と認定されたのです。**「生活費の残り」というのは夫婦共有の基金的な性質のものであり、完全に所有権が移転する贈与契約とは性質が異なると裁判官は判断した**のです。

このように、専業主婦だった妻の通帳に数千万円の預金がある場合には、税務調査で問題視されることが非常に多いので、しっかりとした対策が必要になります。

まず、妻に秘密で妻名義の預金を積み立てていた場合は１００％名義預金と認定されます。このような預金については、相続が発生する前に妻の通帳から夫の通帳に戻しましょう。その際、銀行から「妻から夫への生前贈与になりませんか?」と質問されますが、大丈夫です。そもそものお金は妻の物ではなく、夫の物です。自分の物を自分の通帳に戻すだけなので贈与税が課税されることはありません。

次に、「夫が妻の通帳に送金していることを妻が昔から知っていた場合」は、その送金が贈与契約として成立するかどうかを相続に強い税理士や弁護士に判断してもらいましょう。贈与契約が成立していないと判断されたら、先ほどと同じように夫の通帳にお金を戻すことをオススメします。

贈与契約が成立していると判断されたなら、妻の預金はそのままの状態で問題ありません。ただし、夫から妻への過去の送金が年間１１０万円を超えており、贈与税の申告をしていなかったのであれば、それは今からでも贈与税の申告をし直す必要があります。

また、今後も**夫が稼いだ金銭を妻の物にしてあげたいなら、夫婦の間であっても贈与契約書を作成することをオススメ**します。

＼ぶっちゃけ／

7 節税・税務調査対策・無駄遣い防止！「一石三鳥」ノウハウの落とし穴

「生前贈与はしたいけれど、お金を今すぐ子供や孫に渡したくない」という矛盾したお気持ちを持たれる方も多くいます。

これは**「生前贈与で相続税の節税はしたいけど、若い子や孫に大金を渡してしまうと金銭感覚が狂ってしまうのでまだ渡したくない」**というジレンマから生じています。ただやはり、「節税はしたいけれど、今すぐあげたくない」という良いとこどりは認められません。

このジレンマを解消する方法として、生前贈与でもらったお金で、生命保険に加入させる方法があります。例えば、祖父から孫に110万円の贈与を検討しているとします。孫はまだ20歳と若いので、大金を持たせるのは教育上よくありません。そこで、祖父は、知り合いの保険会社に相談し、孫に「これから毎年110万円を生前贈与するから、おじいちゃんが用意したこの生命保険に加入し、贈与したお金から毎月9万円の保険料（年間108万円）を払い続けなさい」と伝えます。孫はそのことを了解し、生命保険の契約書にサインします。祖父は孫の通帳にお金を振り込み、そのお金は保険料として保険会社に払い込まれました。

この方法であれば、孫がお金を使った実績を残すことができ、かつ、孫の使い込みも防止できます。**節税と税務調査対策と無駄遣い防止の「一石三鳥の対策」**としてオススメです。

ちなみに、保険料の設定は自由で、贈与でもらったお金の全額を保険料に充てなくてもＯＫです。保険のタイプは掛け捨てではなく、将来、支払った保険料よりも大きく増えて戻ってくるものがオススメです。

しかしこの対策も、近年、形だけを真似する方が増え、トラブルが散見されるようになりました。具体的には、子や孫に生命保険の契約書にサインだけさせて、実際の保険料の支払いは親や祖父母が保険会社へ直接、子や孫の代わりに行っているケースです。

この対策は**①祖父母（父母）から孫（子）にきちんと生前贈与ができており、②孫（子）が自分の意思で保険料を払うことで成立**します。

一方で、①祖父母（父母）と孫（子）の間で生前贈与ができていたように見せかけ、②祖父

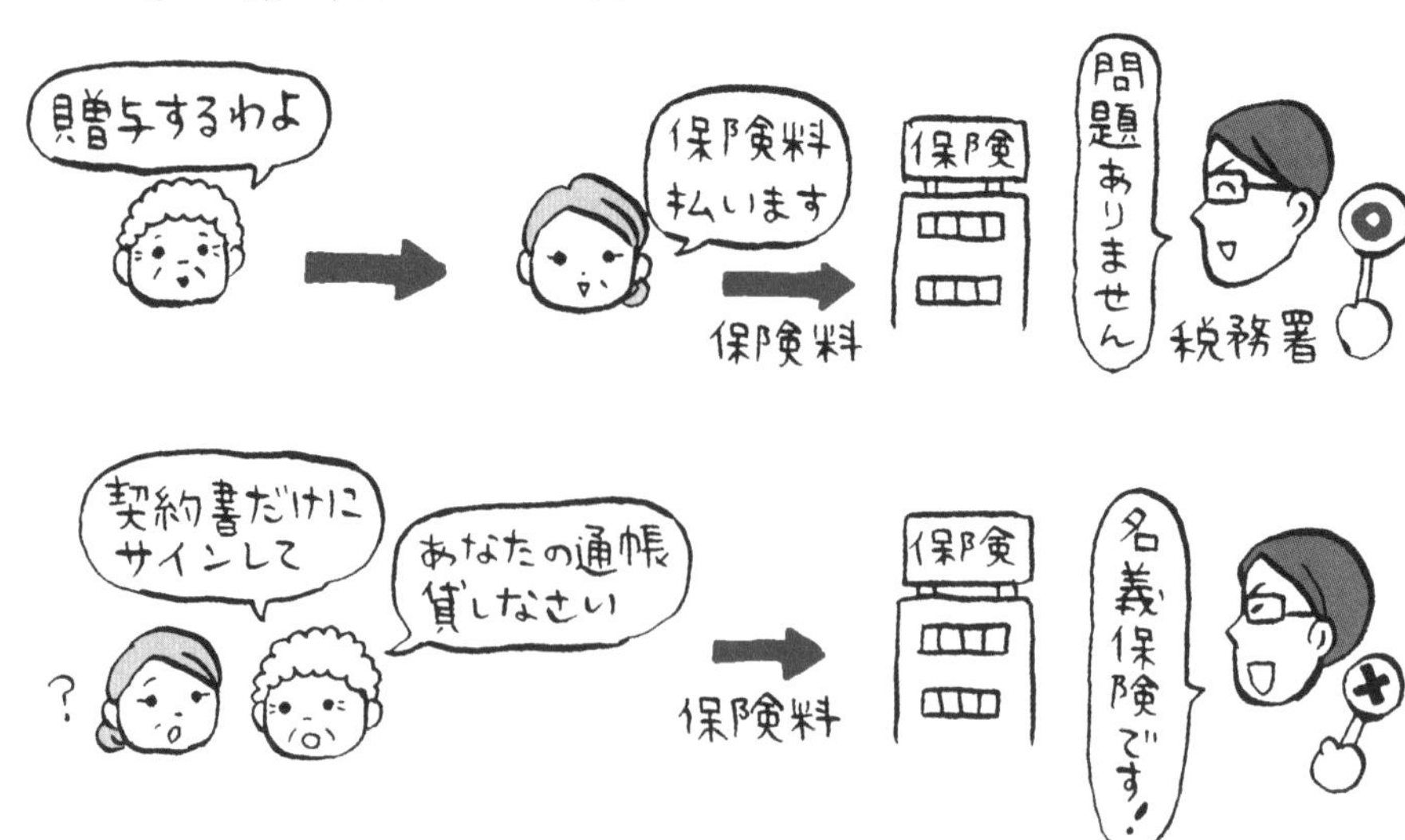

母（父母）が孫（子）の保険料を負担していたなら、それは大問題です。生前贈与はできていなかったものとして、祖父が孫の代わりに払っていた生命保険も、祖父が死亡したときの相続税の対象になります（これを**名義保険**といいます）。

名義保険が発生するパターンは、だいたい決まっています。

①保険会社の営業職員立ち会いのもと、親が子に生命保険の契約書にサインをさせる（子はわけがわからないままサインする）※契約者：子　被保険者：親　受取人：子

②親が子名義の通帳を預かり、毎年、親の通帳から子名義の通帳にお金を振り込む（子名義の通帳は親が管理）

③毎年、子名義の通帳から保険会社へ保険料を支払う

この流れで保険料を払っていた場合、満期保険金を子が受け取れば贈与税の対象になり、死亡保険金を受け取れば相続税の対象になります。仮に10年間毎年30万円の保険料を払っており、満期時に300万円の保険金が子供に支給されたなら、300万円の贈与があったものとして、19万円の贈与税が発生します。

まとめると、生前贈与をするなら、通帳・印鑑・キャッシュカードは贈与する相手方に自分できちんと管理をさせましょう。調査官から疑いの目を向けられないようにするためには、実際に使っている記録を残しておくことが最も有力です。**贈与でもらったお金は貯めるのではなく、積極的に使っていくことをオススメします。**

＼ぶっちゃけ／

8 タンス預金は税務署にバレるのか？ 国税庁の秘密兵器KSKシステム

税務調査に選ばれると、タンス預金は高確率でバレます。

タンス預金自体は悪いことではありません。銀行にお金を預けるのも、タンスの中で寝かせておくのも、完全に個人の自由です。**問題は「タンス預金があるかどうかなんて税務署もわかりっこない」と、タンス預金を隠して相続税の申告をすること**です。

これは節税ではなく、完全に脱税です。仮にタンス預金があったとしても、きちんと相続税の申告に織り込めば、問題になることはありません。

では、調査官はどのようにタンス預金を見抜くのでしょうか。ここで登場するのが、先にも紹介した、国税総合管理（ＫＳＫ）システムです。私たち国民ひとりひとりの稼ぎ・財産は、毎年の確定申告や給与の源泉徴収票により、おおよそ把握されています。

このＫＳＫシステムを使ってタンス預金をあぶり出します。例えば、生前中の所得水準等から、「この人は少なくとも3億円くらいの財産を持ってそうだ」とＫＳＫシステムが導き出した人がいました。しかし、提出された相続税の申告書には財産は1億円しか記載されていません。2億円もの乖離があります。この乖離について税務署は、**「差額の2億円をどこかに隠してるんじゃない**

か？」と疑いの目を向けるわけです。

「不動産等を買えば2億円くらい無くなることもあるだろう？」と思われるかもしれません。しかしその場合、不動産という別の財産が生まれるはずです。同じように、2億円の宝石を買えば、2億円のキャッシュは減りますが、2億円の宝石が残るはずです。

純粋に財産が減る消費というのは、食事、旅行、趣味、ギャンブルくらいしかありません。これらで2億円を減らすのは、なかなか大変ですよね。ちなみに金やプラチナの売却金額が200万円を超えると、その情報は税務署へ自動的に送られます（支払調書）。また200万円以下の取引や金やプラチナ以外の高級品についても、税務署は、百貨店の外商部や高級外車のディーラーから購入者リストを定期的に入手しているそうです。その情報もKSKシステムに取り込まれている可能性も十分に考えられます。

あなたの通帳は常にチェックされています

まずは申告額とKSKシステムの理論値との乖離から、税務調査に行く家庭に目星をつけます。次に、調査官は、亡くなった方の過去の預金通帳のチェックを行います。調査官は、銀行の取引記録を納税者の同意なく勝手に見ることができます。ここで**特に重点的に調べられるのが、現金引き出し**です。私たちは普段から生活に必要な金額をATMから引き出しますよね。皆さんは1回、いくら引き出していますか？

この金額は人によって本当にバラバラです。月に20万円を引き出す人もいれば、1週間に3万円を引き出す人、半年に150万円を引き出す人もいます。ただ、もしも月に1回100万円を引き出していたり、1週間に1回50万円を引き出していたりしたら、「生活費にしては、ちょっと多すぎやしないか?」と感じますよね。

生活費として引き出しているように見せかけて、実際には、**多額の現金をタンスに積み立てる人がたくさんいます。**そして、そのタンス預金を相続税申告から外し、相続税を逃れようという魂胆です。しかし、税務署はその道のプロです。「生活費にしては多すぎる」と感じたら、その点について徹底的に追及してきます。

税務調査では亡くなった方の預金通帳だけでなく、相続人の預金通帳もチェックされます。相続発生後に、故人が積み立てたタンス預金を

「いつまでもタンスの中だと危ないから」と、自分の通帳に移し、その履歴からタンス預金が発覚することもあります。

相続人の通帳は、相続が発生する前の動きだけでなく、相続発生後から税務調査が実施されるまでの期間の動きも確認されます。降って湧いた入金があれば、徹底的に追及されるのです。

税務調査では、通帳等を保管している引き出しの中、家の金庫の中、銀行の貸金庫の中は必ずチェックされますが、家宅捜索のように、家の隅から隅までチェックされることはありません。ただ、「この納税者は何か隠している」と判断されれば、話は別です。現に、台所下の収納スペースや、ガレージのタイヤの中、畳の下などに多額の現金を隠していたことが発覚したケースもたくさんあります。

税務署からの「警告」とは？

ちなみに、相続が発生して5か月が過ぎたあたりに税務署から「相続税の申告等についての御案内」という書類が届くことがあります。この書類は、相続が発生した家庭全体の約15％に送られます。これが怖いのは、KSKシステムによる「相続税の発生しそうな家庭」という選定を経ていることです。この手紙が届いたら、「あなたのことはマークしていますよ」という税務署からのメッセージと受け止めてください。

最後に、**みなさんに強く伝えたいのが「税務署の影に怯えながら脱税するよりも、合法的な相続**

税務署から届く手紙

〒

住 所＿＿＿＿＿＿＿＿＿＿

氏 名＿＿＿＿＿＿＿＿＿＿様

番 号　　－

令和　年　月　日

相 続 人 等 各 位

＿＿＿＿税 務 署 長　税務署長の氏名の記載及び署長印の押印は省略しています

資 産 課 税（担 当）部 門

（電話　－　－　）

担当者	（内線　）

相続税の申告等についての御案内

このたびの＿＿＿＿＿＿様の御逝去に対し、謹んでお悔やみ申し上げます。

さて、お亡くなりになられた方の遺産の総額が基礎控除額（3,000万円＋600万円×法定相続人数）を超える場合、亡くなられた方から相続や遺贈によって財産を取得された方は、亡くなられた日の翌日から10か月以内に相続税の申告と納税が必要になります。

つきましては、同封の「相続税のあらまし」を参考に申告と納税の必要があるかどうかを確認いただき、次の１又は２に記載するところにより「相続税の申告書」又は「相続税の申告要否検討表」の提出をお願いいたします。

1　お亡くなりになられた方の遺産の総額が基礎控除額（3,000万円＋600万円×法定相続人数）を超える場合には、令和　年　月　日までに、亡くなられた方の住所地を所轄する税務署へ「相続税の申告書」を提出し納税をしてください。

2　お亡くなりになられた方の遺産の総額が基礎控除額に満たない場合には、「相続税の申告書」の提出は必要ありませんが、申告の要否を確認させていただくために、同封の「相続税の申告要否検討表」を、令和　年　月　日頃までに御提出くださいますようお願いいたします（同封の返信用封筒を御使用ください。）。

（注）1　この御案内は、あなたが過日、市区町村に届出された「死亡届」を基に送らせていただきました。あなたが相続人等でない場合には、お手数ですが、当署資産課税（担当）部門へ御連絡ください。

2　既に「相続税の申告書」又は「相続税の申告要否検討表」の提出をされている場合には、この御案内が行き違いとなったものと思われますので、ご容赦ください。

※　この文書による行政指導の責任者は、上記の税務署長です。

税務署にお掛けいただいた電話は、自動音声で御案内しています。担当者へのお問合せは、音声案内で「2」番（税務署）を選択した後、交換手に内線番号と担当者名をお伝えください。

（資4－36－A4標準①）

税対策をしたほうが金額的にも精神的にもよっぽど得をする」ということです。

精神的な部分は言わずもがなですが、ポイントは「金額的にも」という点です。タンス預金で相続税を脱税しようと思っても、その金額はせいぜい数百万～数千万円です。

一方で、もし小さいお孫さんが何人かいれば、教育資金の一括贈与（1500万円×孫の人数）だけでタンス預金脱税をはるかに凌ぐ節税効果を得ることができます。

他にも、保険料の支払いが一括である生命保険（一時払終身保険）に加入すれば、「500万円×相続人の数（相続人が3人なら1500万円）」という節税をすることも可能です。これまで紹介してきたように合法的な節税方法はたくさんあります。

タンス預金脱税はリスクの割に減らせる税額が少ないのです。税務署にバレる・バレない関係なく、選択すべきではない方法といえるでしょう。

タンス預金の意外な危険性

2023年現在、多額の現金をもったお年寄り世帯を狙った強盗事件が多発しています。犯人たちの手法はわかりませんが、狙われた方の自宅に多額のタンス預金があったことを知っていたのでしょう。防犯上の観点からも、タンス預金は非常に危険と言えます。

ぶっちゃけ

9 調査官は「葬儀用に引き出した現金」を狙っている

税務調査で必ず問題になる「相続開始の**直前に**引き出した現金と葬儀費用の関係」についてお話ししていきます。相続が発生し、そのことが銀行等の金融機関に伝わると、その方の預金口座は凍結され、原則として相続人全員の同意がないと引き出せなくなります。

相続「直前」の引き出しに注意！

そのため、相続が発生する直前に慌てて、葬儀の準備金としてＡＴＭで現金を引き出す方が非常に多いのですが、直前に引き出した現金と葬儀費用の取り扱いには細心の注意が必要になります。

相続税の計算上、葬儀にかかった費用は遺産の額から控除することができます。例えば、１億円の財産をお持ちの方が亡くなり、葬儀費用に２００万円を使ったとしたら、相続税の対象になるのは９８００万円です。

ここで大事なポイントは、**葬儀費用の準備金として、相続開始の直前に引き出した現金は、相続税の計算上、手許（てもと）現金として計上しなければいけない点です。**

「え？　葬儀にかかった費用は、相続税の計算上マイナスできるんじゃないの？」と思いますよね。それはその通りです。問題は、相続開始「直前」に現金を引き出している部分にあります。ここの計算の考え方を解説します。

A男と娘のB子がいました。A男は末期がんを患っており、いつ亡くなってもおかしくない状態です。B子は、「父の葬儀費用を今のうちに用意しておかないと、亡くなった後だと口座が凍結されてしまうわ」と心配になり、A男の了解を得たうえで、預金通帳（残高1000万円）から現金200万円を引き出します。

この時点で預金通帳残高は1000万円から800万円に減少します。B子は200万円の現金を盗まれないように自宅の金庫に保管しました。その後しばらくして、A男が天国に旅立ちました。後日、B子は葬儀を行い、葬儀費として例の現金200万円を葬儀社に支払いました。

二重控除に注意！

さて、この一連の流れについて考察していきましょう。相続税の計算は、あくまで相続発生時点における遺産に対して課税されます。A男のケースにおける相続開始時点の遺産というのは、預金800万円と、葬儀準備金として引き出した200万円の現金が該当します。葬儀準備金として引き出した現金というのは、当然、葬儀のために使います。裏を返すと、**相続が発生したその瞬間においては現金で残っていた**ことになります。

そして、預金800万円、手許現金200万円の合計1000万円の財産を計上したうえで、葬儀にかかった費用200万円をマイナスとして計上します。結果として、相続税の対象になるのは800万円＋200万円－200万円＝800万円です。

これがもし、葬儀費用200万円は計上するものの、手許現金200万円を計上しないと「800万円－200万円＝600万円」となります。**葬儀費用を二重で控除したため、実際の遺産額よりも少ない金額を申告することになる**のです。

もし税務調査に選ばれてしまった場合、調査官はこの点を徹底的に追及します。相続開始の直前に行われた現金引き出しの経緯、亡くなった方の相続開始直前の状態、意識はいつまであったのか、通帳やカードの管理は誰に任せていたのか等、根掘り葉掘り質問されます。

多くの方がこの計算方法を知らずに、「葬儀費用は相続税の計算から引けるから」と手許現金を計上しないまま申告してしまいます。調査官にとっては絶好の追徴課税ポイントですので、絶対に注意しましょう。

相続開始後にお金を引き出すときの注意点

「**相続開始直後に引き出した場合は？**」と疑問を持たれる方もいますよね。本来、相続が発生した場合には、銀行はその方の預金口座を凍結しなければいけません。ただ、銀行はあくまで民間団体。役所にその方の死亡届が提出されても、銀行がそのことを自動的に知ることはできません。そのた葬儀費用に注意！

①葬儀の準備金を引き出すことに

凍結されると困るわ

残高1000万円

②相続開始直前に引き出す

ATM

残高800万円
現金200万円

③相続発生時の父の財産

預金800万円
手許現金200万円

④葬儀費用として200万円支払う

残高800万円
現金0円

め、相続人が銀行に伝えなければ預金口座は凍結されませんので、キャッシュカードがあり、暗証番号がわかれば現金を引き出すことは可能です。

ただ、法律上は、相続開始後に他の相続人の同意を得ずに遺産を勝手に使った場合には、他の相続人から、使った金額を元通り返還するよう求められ、話し合いで解決しない場合には、裁判を起こされる可能性もあるので注意してください（不当利得返還請求と言います）。

相続開始直後に引き出した現金は、相続税の計算上は問題ありません。

例えば、先ほどのB子が、相続開始直後に200万円を引き出したとします。そして葬儀代として200万円を支払いました。

この場合、相続税の計算上は、預金1000万円（相続開始時の残高）と、葬儀費用200万円を申告するので差額の800万円が相続税の対象になります。相続開始時の預金1000万円が相続税の対象となっているので、そこから現金を引き出しても、既に課税済みの現金なので問題ありません。**相続発生後の引き出しは、法律上は不当利得返還請求の原因になりますが、税務上は問題ないということになります。**

相続税の計算上、相続開始直前に引き出した現金の取り扱いには細心の注意が必要です。税務調査でも、整合性があるかを必ず追及されるポイントになります。

＼ぶっちゃけ／

10 調査官は絵画や骨董品の価値を見抜けるのか？

相続税の税務調査では度々、絵画や骨董品の評価について問題になることがあります。絵画や骨董品の評価は、精通者意見価格といって、その道のプロに査定してもらった価格をもとに相続税の計算を行います。高価な骨董品等をお持ちの方は、鑑定評価書をセットで申告することになります。

ここでよく聞くのが「税務署の人に、骨董品や絵画の評価なんてわからないんじゃないですか？」という声です。

結論からお伝えすると、**調査官もわかっていない人がほとんど**です。ただ、わからないからといっていい加減な評価額で申告してはいけません。

「評価の根拠」はしっかりチェックされます

税務調査の現場では、調査官は絵画や骨董品の写真を撮って税務署に持ち帰ります。そして外部の専門家に鑑定の依頼をするそうです。

以前、私が立ち会った調査でも、家に飾ってある絵画をすべて写真に撮っていました。その中には相続人が小学生のときに描いた絵も含まれていたので、やはり調査官自身はよくわかっていないようです。

税務調査に立ち会った印象としては、「骨董品や絵画の評価額そのものが正しいか」ではなく、**「きちんとした評価の根拠があるか」を重視しているる**と感じました。

ただ、相続開始に近い時期（例えば3年以内くらい）に購入している骨董品等は、通帳やカードに履歴が残っているため、購入金額を明確にするのは簡単です。歴史的価値のあるものであれば、すぐに価格が著しく落ちるとは考えにくいため、「相続開始時の評価額もそれに近い金額になるはずだ」と指摘される可能性は十分にあります。

また、「高価な骨董品や宝石などを購入し、それをこっそり贈与しても税務署にバレない」と考える方も多いです。しかし、購入履歴が残っているのに、現物が見つからない場合は、家の中を探される可能性が高いので、そういった考えはやめましょう。

ぶっちゃけ

11 税務調査を誘発する「相続時精算課税制度のダメな使い方」

近年、特に税務調査で指摘されやすいと感じるのが、**「相続時精算課税制度で贈与した財産の申告漏れ」**です。

第４章で詳しく解説しましたが、相続時精算課税制度とは、贈与するときは２５００万円を非課税とするかわりに、贈与した人が亡くなったときは、何十年前の贈与であったとしても相続財産に足し戻して相続税を計算しなければいけない制度です（ただし、２０２４年以降に相続時精算課税制度を選択した人は、年間１１０万円までの贈与は非課税となります）。

この制度を使っていた人が亡くなったときは、当時の相続時精算課税制度を使った贈与税申告書の内容もしっかりと確認しながら相続税を計算しなければいけません。

親が勝手に手続をするケースがある！

問題になるのは、「本来、贈与税の申告は、財産をもらった人（つまり子）が行わなければならないにもかかわらず、親が子の名前で勝手に贈与税申告書を提出してしまっている」ケースで、これが極めて多いのです。

これをやられた子は、自分の名前で相続時精算課税制度を使った贈与税申告書が提出されているとは夢にも思いません。いくら税理士から子に対して「過去に相続時精算課税という制度を使ったことはありませんか？」と聞いても、子は「そんな制度、聞いたこともありませんよ」となるため、相続税申告の際に、完全にスルーされてしまうのです。

しかし、**税務署には過去に相続時精算課税制度を使った履歴がしっかりと残っています**ので、足し戻しをしていないことが判明すると、非常に早いタイミングで税務調査が行われます。最近は特にこの傾向が顕著であると感じます。

こういった事態に陥らないための対策をご紹介します。

「こんな人」は要注意！

まず、注意していただきたいのは、**平成15年頃にマイホームを購入し、親から頭金の援助を受けている人**です。相続時精算課税制度は平成15年に誕生した制度で、当時は、2500万円まで非課税にできる画期的な制度として利用者が非常に多かったのです。そのため、平成15年以降に「親から大口の贈与を受けているにもかかわらず、贈与税を払った記憶がない」という人は、親が勝手にあなたの名前で相続時精算課税制度を使っている可能性が高いです。

ご両親が健在である人は、「私の名前で相続時精算課税制度、使ってないよね？」と聞いてみてください。

両親が他界している場合や、両親の記憶があやふやな場合は、税務署に足を運び、過去の贈与税申告の閲覧を申請しましょう。これで過去に相続時精算課税制度を使っていたかどうかを調べることができます。

非常に多くの人が同じ理由で税務調査に選ばれています。「自分は大丈夫」と思い込まずに、一度確認することをオススメします。

＼ぶっちゃけ／

12 税務調査を寄せつけない鉄壁の対策

税務調査を寄せつけない申告書を作るポイントは2つあります。

①亡くなった方の過去10年分の預金通帳の入出金を事前に確認し、問題点を精査する
②書面添付制度を使い、税務署に①の内容を事前に伝える

まずは①から見ていきます。

過去10年分の預金通帳をチェック

調査官は銀行や証券会社から過去10年分の取引履歴を取り寄せて、多額の現金引き出しや、家族間の資金の移動がないかを、徹底的に調べます。ならば、**調査官と同じ目線で過去の取引履歴をチェックし、問題点があれば、事前に処理をしてしまえばいい**のです。

しかし税理士の中には、亡くなった方の過去の預金通帳をまったく確認せず、相続発生時の残高証明書だけを見て申告書を作成する人もいるそうです。これでは、過去に生前贈与があったかどうかも確認できませんし、相続発生の直前に現金の引き出しがあったかどうかもわかりません。過去の預金精査に対する税理士事務所の方針はバラバラで、まったく確認しない事務所もあれば、相続開始3年前や5年前の預金通帳だけ確認する場合などさまざまです。

しかし、私の経験上、**相続税の申告をするなら過去10年分は確認するべきだと断言**します。（※ちなみに亡くなった方の過去の取引記録は、相続人であれば単独で過去10年分取り寄せることができます）

税理士のお墨つきをもらう

続いて、税務調査を寄せつけない申告書を作る上で必ず知っておいて欲しいのが、**②書面添付制度**です。

これは「税理士が税務署の代わりに、納税者のことを調査しました」という書面を作成し、それを申告書に添付して申告する制度で、税理士だけが行うことを認められています。なんと、この制度を利用すると、税務調査に選ばれる可能性が、利用しない場合と比べて、非常に低くなります。

また、通常の税務調査では、調査官が直接納税者の家に訪問して調査が行われますが、書面添付制度を利用した場合には、先に税理士だけが税務署に呼ばれます。そして、その場で調査官の疑問をすべて解消できた場合には、その後の税務調査は省略されます。このように、書面添付制度は、納税者にとって非常に良い制度なのです。

ただ、実際に**書面添付制度を使って相続税の申告をしている税理士は、全体の約2割しかいない**

そうです。素晴らしい制度なのに使わない税理士が多いのはなぜでしょうか。それは、書面添付制度を利用し、もし、その書面に虚偽の記載があった場合には、その**税理士が懲戒処分の対象になる**からです。納税者にとっては良い制度ですが、申告書を作成する税理士の立場からするとリスキーな制度なのです。

しかし、過去の預金通帳の流れをしっかりと確認している税理士にとっては、自信を持って書面添付制度を利用することができます。

なお、書面添付制度を利用しても中身がスカスカでは、ほとんど意味がありません。税務署は、「税理士はしょせん、納税者から提示された情報しか知らないんだろ？　この程度で税務調査を省略しようなんて笑止千万」と考えています。**税務署はコストパフォーマンス（調査に入って、短時間でどれだけ多くの追徴課税をとれるか）を重視する組織**です。「この家庭を調査しても、既に10年分の預金通帳を確認しているなら大きな追徴課税は狙えないな……。仕方ない、違う家庭にいくか」と思わせられるかどうかが、税理士としての勝負どころです。

過去10年分の預金精査と書面添付制度。この2つをしっかりと行っている申告書であれば、税務調査対策は盤石です。

＼ぶっちゃけ／

13 税務署が嫌悪する「露骨な相続税対策」とは？

国税庁が公表するルールブック（財産評価基本通達）に従って申告をしても、**「あまりにも露骨な相続税対策」と認定されると、追徴課税される可能性があります。**

2022年4月19日、最高裁より「相続開始の直前に購入した不動産は、明らかに相続税を少なくすることを目的としたものであり、このような不動産を路線価方式や、固定資産税評価により評価することは、他の納税者との間に非常に大きな不公平が生ずるため、不動産鑑定士が評価した金額で相続税を再計算し、相続税を追加で3億円納税しなさい」という衝撃的な判決がでました。

「納税者は、国が公表しているルールブック通りに相続税を計算していたのに、そのルールを国が自ら否定するとは何事か！」と、実務家の中でも物議を醸しました。しかし私は、このケースでは、あまりにも露骨な相続税対策と言われても仕方ない部分があると思っています。

国が定めているルールブックには、「【財産評価基本通達第6項】この通達の定めによって評価することが著しく不適当と認められる財産の価額は、国税庁長官の指示を受けて評価する」という規定があります。このケースでも第6項が適用されたので、広い意味ではルールの範囲内であるとも言えます。最高裁判決で、なぜルールブックの評価が否定され、第6項が適用されたのかについて解説します。時系列は次の通りです。

①　銀行へ相続税対策の相談（2008年5月）
②　孫を養子縁組（2008年8月）
③　不動産Aを8・3億円で購入（2009年1月）※借入6・3億円
④　不動産Bを5・5億円で購入（2009年12月）※借入4・3億円
⑤　相続発生（2012年6月）※不動産A評価額2億円、不動産B評価額1・3億円で申告（相続税0円）
⑥　遺産分割協議成立（2012年10月）
⑦　不動産Bを5・1億円で売却（2013年3月）

不動産Aは8・3億円で買ったものが、相続税評価額は2億円。不動産Bは5・5億円で買ったものが、相続税評価額は1・3億円。**購入した金額と比べると、評価額は約4分の1まで減少**しています（このしくみは190ページにて解説）。

この購入額（時価）と評価額の差により、相続税は0円。当然、国税も黙っておらず、最高裁においては国税側が勝利しました。

この判決のポイントは、大きく3つ挙げられます。

1つ目は、銀行に相続税対策の相談をした直後に孫と養子縁組をし、不動産を購入した点です。

アドバイスの内容や時期を鑑みると、相続税を減らすための購入であることは明白でした。驚くべきことに、**国税庁は「銀行がどのようなアドバイスをしたのか」も正確に把握**していました。国税庁の調査能力のすさまじさがうかがえますね。

2つ目は、銀行が不動産購入資金の貸し付けを行った際、社内の稟議書に「相続税対策目的の不動産購入」と書かれていた点です。税務調査では、こうした**銀行の内部資料までもがチェック**されます。これで、不動産を購入する目的が相続税対策であることが裏付けられたのです。

3つ目は、相続が開始してから、わずか9か月後に不動産を売却した点です。相続開始の3年前に購入し、相続開始後9か月で売却しているという一連の流れを見ると、明らかに相続税を減らすことを目的とした取引に見えます。この3点を総合的に見て、不動産購入の主たる目的は相続税対策であると判断されたのです。

判決文の象徴的な一文をご紹介します。

「相続税の負担を免れる目的以外に他の合理的な目的が併存していたとしても、実質的な租税負担の公平を著しく害することに変わりなく」

①不動産購入の主たる目的が相続税対策であり、②節税の効果があまりにも大きく、相続税対策をした人と、しなかった人との間で著しい不公平が生じていた。

この2点が今回の判決のポイントになっています。今後も、たとえルールブックに従って相続税を計算したとしても、あまりにも大きな節税効果が生じるものについては、国税から否認されるかもしれません。

＼ぶっちゃけ／

14 税務署に狙い撃ちされる「3つの危険行為」

税金に無頓着だった人が、何かの拍子に節税に前向きになったときほど、アグレッシブな行動を起こす傾向があります。257ページでご紹介した「露骨な相続税対策」の実例をもとに、国税から目をつけられやすい「3つのアグレッシブさ」をご紹介します。

①時間のアグレッシブさ

先の例では、被相続人は90歳から91歳にかけて2つのマンションを購入し、相続人は被相続人の**死後わずか9カ月で1つのマンションを売却**しています。あまりにも期間が短く、「それは節税のためだけでは?」と言われても仕方のない行為として税務署に目をつけられます。

②金額のアグレッシブさ

節税額が大きければ大きいほど、税務署から目をつけられます。先の例では、2つのマンションを約14億円で購入しましたので、**本来なら3億円ほどの相続税**が発生します。しかし、相続人はこれを「0円」として申告しました。

③行為のアグレッシブさ

先の例では、わざわざ**金融機関から10億円を超える融資**を受けてまでマンションを購入しています。節税対策としてはあまりにもアグレッシブといえるでしょう。

相続税対策は、穏やかにゆっくりと

時間、金額、行為、どのアグレッシブさが最も危険なのか？

この質問に答えはありません。

国税は、相続税対策をしている人たちの「アグレッシブランキング」のようなものをつけていると考えられます。そしてその上位の人たちに目をつけ、少しずつ外堀を埋めていき、アグレッシブな節税を取り締まっているのでしょう。

相続税対策は穏やかに、そしてゆっくり進めるのが望ましいといえます。

第7章

相続手続・専門家をぶっちゃけます！

「相続」と聞いたとき、誰に相談するかパッとイメージできましたか。弁護士でしょうか、それとも税理士でしょうか。実は相談内容によって、依頼する専門家は決まっているのです。専門家の選び方とつき合い方を解説します。

＼ぶっちゃけ／

1 相続相談は誰にすべき？弁護士？司法書士？税理士？

相続にまつわる悩みを相談できる専門家は、弁護士、司法書士、行政書士、税理士等、さまざまです。悩みを細分化したうえで、相談すべき専門家を選びましょう。最初に相談すべき専門家は、以下の通りです。

① 家族仲は不仲で、相続争いに関する相談　➡　弁護士
② 家族仲は良好だが、相続税申告が必要　➡　税理士
③ 家族仲は良好で、相続税申告も必要ない　➡　司法書士 or 行政書士

現在日本には、法律の専門家と呼ばれる国家資格として、弁護士・司法書士・行政書士の3つの資格が存在します。

弁護士は法律に関する仕事は基本的に何でもできますが、司法書士と行政書士には、法律に関する仕事の内、できない領域（弁護士の専門領域）があります。弁護士はやろうと思えば何でもできるのですが、一般的に、弁護士があまりやらない仕事（得意ではない仕事）があります。そういっ

た仕事は、司法書士や行政書士のほうが得意なので、司法書士や行政書士に依頼したほうがよいでしょう。

【弁護士】

弁護士には、司法書士や行政書士が行えない弁護士だけの専門領域があります。この専門領域を弁護士でない人が行うことを非弁行為（ひべんこうい）といい、２年以下の懲役か３００万円以下の罰金が科せられます。

相続に関する弁護士の専門領域は、遺産分割の争いに関する法律相談や、遺産分割の代理人、家庭裁判所での代理人等があります。簡単に言うと**「揉めている相続を扱えるのは弁護士だけ」**ということです。「どこからが揉めている相続か」は判断が非常に難しいところです。私も税理士の立場で相談に乗っていて、「これ以上、関係が悪化したら弁護士を入れないとまずいよなぁ」という判断を迫られるときがあります。

「これ」が出たら、弁護士に相談するしかない

具体的には、「私は弟とこれ以上話をしたくないので、私の意向を橘先生から伝えてくれませんか？」のように、気持ちの伝言を頼まれるようになったら、「それは税理士の立場上できません。弁護士を紹介しますので、弁護士にご相談ください」とバトンタッチをしています。**「気持ちの伝**

言」はまさに「交渉の代理」。これは完全に弁護士の領域です。

この点について、弁護士でもないのに、相続争いの仲裁に入ろうとする自称専門家が現れることがあります。

公平に仲裁しようとするならまだしも、どちらかの相続人(大抵が自分の依頼主)の肩を持つ形で話を進めようとします。そのような人が現れた場合には、「これって非弁行為なのでは?」と言ってみましょう。

余談ですが、弁護士の登録人数は、1989年には1万3541人だったのが、2023年3月1日時点で4万4982人と、この30年で3倍以上に増えています。この背景には試験制度が大きく変わり、合格者が大幅に増えたことがあるそうです。昔は資格が取れれば安泰と言われていましたが、今はなかなか大変ですよね(税理士も同じですが……)。

司法書士と行政書士の違いは？

【司法書士】

相続に関する仕事では、不動産の相続登記、各種名義変更手続の代行、成年後見、家族信託などを得意としています。

遺産分割の争いに関する相談は、司法書士は受けることができません。そのため「争いには至ってないけど、あとあと揉めたくない」方は、法律家の監修のもと、揉める前に遺産分割を進めましょう。

また昨今、利用者が増えている家族信託（民事信託）も、司法書士の得意領域として定着しつつあります。家族信託をする際には登記が必要になるので、信託にも登記にも精通している司法書士は心強いですね。総じて、**相続の手続関係については、弁護士よりも、普段から相続の手続業務を行っている司法書士に相談するほうがオススメ**です。

司法書士になるためには、司法試験に次ぐ難関試験を突破しなければいけません。その合格率なんと約４％。現在、日本全国には約２万３０００人の司法書士がいます。

【行政書士】

行政書士は全国に約５万人いる街の身近な法律家です。最も得意としている仕事は、在留資格の取得代行や、飲食店や運送業などの営業許可の取得代行です。

相続に関する仕事では、遺言書の作成や、各種名義変更手続の代行を得意としています。**司法書士との大きな違いとして、不動産の名義変更（登記）は代行できません。**一方で、司法書士は自動車の名義変更ができませんが、行政書士なら行うことができます。

亡くなった方が不動産を持っていなければ、行政書士に名義変更手続を代行してもらうのも手ですね。最近では成年後見制度や、家族信託契約書の作成を得意とする行政書士も増えてきましたので、認知症対策としても心強い存在です。

法律系の資格をまとめると、次のようになります。弁護士は、すべての業務ができるオールマイティな資格で、相続争いが発生している場合には、弁護士の専門領域になります。司法書士は、登記を得意にしており、各種名義変更手続の代行をお願いするには、オススメです。**行政書士は、許認可手続を得意にしており、不動産がなく、車がある場合などに名義変更手続をお願いするのがよいでしょう。**続いて会計や税金の専門家をご紹介します。

【税理士】

税理士はその名の通り、税金や会計に関する専門家で、現在日本全国に約8万人います。税理士の専門領域は、確定申告や相続税申告書等の書類を作成することや、各種税金の相談、税務調査の立ち合いなどがあげられます。

税理士の資格がないのに「節税相談」や「相続税を無料で計算します」など、税金に関するコンサルティングをしている人がいますが、**たとえ無料であっても税理士法違反**です。

また、税理士事務所に勤務している補助者（税理士資格のない人）が税金についてのアドバイスをするのも、本来は税理士法に抵触している可能性があります。

税理士になるための試験は、合格率２・５％（全受験者のうち、官報合格者の割合）と、なかなか狭き門です。ちなみに税理士の平均年齢は65歳です。税務署に23年間勤めると、税理士の資格が与えられるので、税務署ＯＢが多いのも税理士という資格の特徴です。一方で、20代の税理士はたったの０・６％（全国で約５００人）しかいません。

【公認会計士】

税理士の仕事をしていると、「公認会計士と税理士は何が違うの？」という質問をよく受けます。同じ会計を扱う資格ではありますが、仕事内容は全然違います。**公認会計士の主たる仕事は、「監査」**といって、上場企業等が公表する決算書の数値に偽りがないかどうかを客観的に調査する仕事です。

公認会計士の資格を取り、一定の研修を受講すれば、税理士の資格も付与されます。税理士の上位資格というイメージを持つ方もいますが、税金という土俵においては、税理士のほうが強い傾向にあります。

ぶっちゃけ

2

弁護士への依頼は宣戦布告の合図!?
双方代理の禁止とは?

先ほど弁護士はオールマイティとお伝えしましたが、注意点が1つあります。それは、「弁護士は相続人の双方から依頼を受けることができない」ということです。

例えば、相続人が長男と長女の子供2人であった場合に、「公平な立場で、遺産分割をまとめてほしい」という依頼を、長男と長女の双方から受けることができないのです。これを「双方代理の禁止」といいます。

弁護士は「公平な立場」に立てない

弁護士は依頼者の利益を最大化することが仕事です。

長男の利益を最大化しようとすれば、長女の利益を損なうことになり、長女の利益を最大化しようとすれば、長男の利益を損なうことになります。

つまり、弁護士はどちらかの肩しか持てないのです。

弁護士に「遺産分割をまとめてほしい」と依頼した場合、当然その弁護士は、依頼者の利益が最大化されるように動きます。

弁護士を入れると関係が悪化する？

必然的に、相手方も別の弁護士に依頼する可能性が高まります。そして**両者とも弁護士に依頼して、それぞれが自分の利益を最大化させるよう争う**ことになります。

もともと、にっちもさっちもいかないくらい揉めているなら仕方ありませんが、「そこまで仲が悪いわけではないけれど、納得できない部分がある」くらいの段階では、弁護士に依頼するかどうかは慎重に考えなければいけませんね。

3 相続税をまったく知らない法律家がいる

相続相談を法律家にする場合に気をつけなければいけないのが、法律家の中には、相続税をまったく勉強していない人が、一定の割合で存在することです。

相続税を知らない司法書士

実際にあった話を紹介します。知り合いの司法書士から「遺産分割協議の内容はまとまっているので、相続税申告だけお願いします」と依頼がありました。亡くなった方（父）の自宅は、母ではなく、長男に相続させることで話がまとまっていたそうです。相続が発生したとき、長男は父と別の場所で暮らしていましたが、父の相続を機に、実家に帰ってくることになったそうです。その司法書士は「この度の相続で、自宅は長男名義にしておきましょう。将来、お母さまが亡くなっても、名義変更をせずに済みます」とアドバイスしたそうです。

一見良さそうなアドバイスですが、相続税の観点から言うと良くありません。その理由は、この分け方にしてしまうと、**小規模宅地等の特例がまったく使えず、相続税の負担が劇的に増えてしま**

うからです。

亡くなった方が自宅として使っていた土地は、配偶者か、同居している親族が相続した場合、8割引きの評価で相続税を計算することができます。

今回のケースでは、母(配偶者)が自宅を相続すれば、小規模宅地等の特例が使え、その後、母が亡くなったときに長男(同居親族)が相続すれば、また小規模宅地等の特例が使えます。結果として、長男は8割引きの評価額で自宅を相続することが可能でした。

しかし、父から長男に直接相続させてしまうと、父が亡くなったときに父と長男は別居していたので、小規模宅地等の特例は使えません。その結果、**相続税の負担が1000万円近く増えてしまう**ことが判明したのです。幸いなことに、遺産分割協議書に署名する前だったので、自宅を母が相続することに方針転換し、事なきを得ました。

相続税が発生する家庭においては、お気持ちだけで分け方を決めるのは危険なのです。

民法を知らない税理士

もう1例紹介します。今度は逆に法律(民法)を勉強していない税理士の話です。

セカンドオピニオンを希望する方から、「生前贈与で財産を先に渡してしまえば、将来、請求される遺留分を減らすことができると聞いたのですが、本当ですか?」という相談を受けました。

この方には、仲の悪い兄弟がおり、両親は全財産を相談者に相続させる旨の遺言を書いているのですが、「将来、相続が発生したときに請求される遺留分を少しでも減らしたい」と希望していました。その方の顧問税理士は、「生前贈与で財産を少なくすれば、その分、亡くなったときの遺産も減るので、遺留分の金額も減らせる」と考えたそうです。

この本をここまで読んでいるあなたは、この説明が間違っていることがわかりますよね。生前贈与で渡した財産は特別受益に該当し、遺留分の計算上、持ち戻して計算されます。**生前贈与をしても、請求される遺留分は減らない**のです。

さらに顧問税理士から「不動産を買えば遺留分を減らせる」とアドバイスを受けたそうで、父を説得して、投資用不動産を購入させたそうです。

このアドバイスも間違っています。確かに不動産を買えば、購入金額と相続税評価額との差額によって相続税を減らすことは可能です。しかし遺留分の計算は相続税評価額で行うわけではありません。遺留分を請求する側と請求される側が、その物件の適正な時価を算定し、両者が納得した価格を基準に、遺留分の計算をすることになります。

例えばタワーマンションの1室を1億円で買い、相続税の評価額が2000万円になったとしても、その物件の市場価値が1億円のままなら、1億円で遺留分を計算することになります。つまり、不動産を買っても遺留分が減るわけではないのです（不動産が劣化し、市場価値が下がれば遺留分も減りますが）。

税理士は税金計算の専門家であって、相続に関する法律知識については、一般の方とほとんど変わらない場合があります。

ぶっちゃけ

4 相続税に苦手意識を持つ税理士

税金の専門家である税理士であっても、相続税に強いとは限りません。むしろ、相続税に苦手意識を持つ税理士はたくさんいます。理由は大きく2つあります。

1つ目の理由は **「相続税を勉強しなくても税理士資格を取得できる」** からです。税理士試験で相続税は必須科目ではなく、選択科目と位置づけられています。

「相続税」は選択科目

税理士試験は会計2科目と、税法3科目の合計5科目に合格して、初めて本当の合格になります。税法は9科目（法人税・所得税・消費税・相続税・住民税・事業税・固定資産税・酒税・国税徴収法）の中から、好きな科目を3つ選択できます（法人税と所得税のいずれかは必ず選択）。相続税は完全な選択科目であり、税法の中でも難易度の高い科目なので、受験生からは敬遠されがちです。実際に、相続税法合格者は毎年全国で約300人しかいません（法人税法は約600人、消費税法は約800人）。

また、大学院を卒業すると税理士試験を2科目免除できる制度や、税務署に23年以上勤務すると税理士資格を付与される制度もあるので、税理士試験に5科目合格して資格をとった税理士は、実は全体の約45%しかいないのです。このような試験制度のため、**相続税をまったく勉強しないまま資格を取得した税理士は珍しくありません。**

ただ、試験はあくまで税理士になるための登竜門です。試験で相続税を勉強しなかったとしても、実務でしっかり勉強すれば、問題ありません。

2つ目の理由は、そもそも**税理士は日々の業務の中で、相続税に触れる機会が非常に少ない**からです。

税理士は日本全国に約8万人いますが、相続税の申告は年間約10万件しかありません。単純に人数で割ったとしても、1人の税理士が1年

間で相続税申告書を作る件数は1～2件ということになります。さらに、10万件のうち、税理士に依頼せず、ご自身で申告書を作る方も一定数いますし、私たちのような相続専門の税理士は1年に30～40件の申告書を作りますので、実際には**1年に1回も相続税に触れない税理士がたくさんいる**ことになります。

通常、税理士が日々扱う一番の仕事は、会社の顧問業務です。日々の記帳や決算書の作成、法人税申告書を作成することが、税理士のメインの業務です。そのため、一般的な税理士事務所の場合、相続税関連の仕事は、年に数件、もしくはまったくやらないと割り切っている税理士もたくさんいます。

このように「①相続税を勉強しなくても税理士資格を取得できること、②日々の業務で相続税に触れる機会が少ない」ことが、相続税に苦手意識を持つ税理士を多く生み出している原因と言えます。

＼ぶっちゃけ／

5 相続税に強い税理士の見分け方5選

①遺産の分け方を提案してくれる

相続税は遺産の分け方によって何倍にも変わる恐ろしい税金です。相続税に強い税理士であれば、「まずは税金のことだけを考えた場合に、最も有利になる分割案を作成します。その分割案を参考にしつつ、相続人の皆さまの気持ちを反映させて、最終的な分け方を決めていきましょう」という提案ができるはずです。一方で、相続税に強くない税理士は、「まずは遺産の分け方を決めてきてください。そうでないと相続税の申告はできません」と言います。遺産の分け方についてのアドバイスをまったくしないか、「配偶者に全額相続させれば相続税0円だから、それが一番いいですよ」と、二次相続をまったく無視した提案をしがちです。**二次相続まで踏まえた最適な提案ができるかどうかが、第一のチェックポイント**です。

②過去の預金通帳を精査してくれる

故人の預金通帳の精査はとても重要です（254ページ参照）。確かに、精査する側としては骨の折れる業務です。しかし、ここをおろそかにすると、税務調査で自信を持って対応できません。

相続税に強い税理士であれば、それが10年分ではないかもしれませんが、**「故人の過去の通帳を確認させてほしい」**という話が必ずあるはずです。そういった話がなく、「預金の残高証明書だけ用意してくれればいい」というスタンスであれば、その税理士は相続税の税務調査を甘く見ています。

③書面添付制度を使ってくれる

この制度は相続税に相当の自信がないと使うことができません（255ページ参照）。なお、②の過去の預金精査と③の書面添付制度は2つで1つです。預金精査をしていないのに書面添付制度だけ使うというのは、それを受け取った税務署からすると「こんな薄っぺらな情報で調査したつもりか！」と逆ににらまれる可能性が上がるかもしれません。

④不動産の現地調査をしてくれる

相続税に強い税理士であれば、**「不動産の現地を一度見せてほしい」**と言うはずです。現地を確認すると、見落としていた減額要素や増額要素が見つかることもあります。

例えば、近くにお墓があったり、周囲に比べて騒音が激しかったり、土地に崖が含まれていたりすると、本来の土地の評価額から減額することが可能です。他にも、登記されている地積（面積）と、実際に測量した地積を比べると、実際のほうが大きい場合があります（この現象を「縄伸び（なわのび）」と言い、明治時代の技術が未熟なときに行われた測量が原因と言われています）。登記されている地積を基準に評価額を算定してしまうと、評価額が実際よりも小さくなります。結果として、相続税の過少申告により、税務調査で追徴課税の対象になってしまうのです。

現地を見ないとわからないことがたくさんあります。相続税に強い税理士であれば、現地調査を積極的に行う傾向にありますね。

⑤わかりやすく説明してくれる

多くの税理士は、会社の社長や経理部の人など、会計の知識がある人たちと日々コミュニケーションをとっています。そのため、貸借対照表（ＢＳ）や損益計算書（ＰＬ）などの専門用語を使った会話に慣れています。

しかし、相続税の申告をするのは、会計や税金のことをまったく知らない一般の方が大半です。**相続税に強くない税理士ほど、いつもの感覚で専門用語を使った説明をしてしまいます。**

良い相続税対策とは、税理士が一方的に「このやり方がいいですよ」と押し付けるのではなく、依頼主にもよく理解してもらったうえで、二人三脚で創り上げていくものです。相続税に初めて触れる方にも、わかりやすく説明できるかどうか。「説明のわかりやすさ」を大事にしている税理士は、相続税に強い税理士と言えます。

＼ぶっちゃけ／

6 税理士業界の紹介料文化に警戒すべし！

紹介には2種類あります。

1つは、友人や知人にも自信を持ってオススメする**「純粋な紹介」**。

もう1つは、税理士を紹介し、その税理士と契約に至った場合、契約金額の何割かがキックバックされる**「紹介料目的の紹介」**です。後者の「紹介料目的の紹介」の場合、良い税理士と出会えるかどうかは蓋を開けるまでわかりません。

実は、税理士業界では、紹介料を出したりもらったりすることが合法とされています（弁護士や司法書士等は禁止されています）。

「無料紹介」のカラクリ

インターネットで「税理士を無料で紹介します」というホームページを見たことはないでしょうか？　これは、紹介した税理士とその顧客が契約に至った場合、税理士がその紹介会社へ多額の紹介料を支払う形で運営されています。その報酬は高いところで契約金額の55％にのぼります。

100万円の仕事を税理士に依頼しても、55万円は紹介会社の懐に入ります。

顧客は税理士に100万円を払っていますが、税理士は実質的に45万円しかもらっていないのと同じです。紹介料がもたらす顧客と税理士の見えないズレは、結果として、多くの摩擦とストレスを発生させる恐れがあります。

他にも紹介料文化が根強いのが葬儀社です。葬儀社から税理士を紹介された場合、高い確率で、その税理士は葬儀社に紹介料を払っています。その料率の相場は20~40%くらい。また、銀行や証券会社が紹介する税理士も、紹介元の金融機関に紹介料を払っていることがよくあります。

「紹介料そのものが絶対的な悪」とまでは言いませんが、紹介する税理士の腕の良さよりも、紹介料の高さを基準にして税理士を紹介される可能性があります。人の紹介だからといって鵜

呑みにせず、**複数の税理士と実際に話をし、先に紹介した相続税に強い税理士の見分け方5選を参考にしながら、依頼先を決めましょう。**

広告に騙されてはいけません

近しい性質のものとして、大手の新聞社等で**「相続に強い税理士50選」のような記事**を見たことのある方も多いと思います。実は、あれはただの広告です。

私の事務所にも「掲載料○○万円で、50選に掲載できますがいかがですか？」という営業電話がきました。私は、「50選というくらいだから、独自の基準で調査した結果ではないのですか？」と質問したところ、「いいえ。掲載料を支払っていただいた税理士さまはすべて掲載しています」と回答が来ました。それが誰もが知る新聞社だったので、業界そのものの闇を感じた瞬間でしたね。

＼ぶっちゃけ／

7 税務署の「無料相談」を過信してはいけない

「相続税の申告は、税理士の力を借りずに自分でやりたい」という方もたくさんいます。不可能ではありません。何を隠そう、相続税申告書の作り方は、税務署に行けば無料で教えてもらえます。

しかし、当然ですが、税務署では相続税の負担が少なくなる遺産の分け方や、二次相続の対策などは教えてもらえません。「名義預金かもしれない預金がある」と伝えれば、間違いなく「それは相続税の計算に織り込むか、場合によっては贈与税の期限後申告をしてください」と言われます。

このことを踏まえると、**①相続税の有利不利は（二次相続も含め）一切考えなくて良い、②相続税の税務調査で問題になることが一切ない。この条件を満たす方であれば、税務署に相談しつつ、自分で相続税の申告をするのもありでしょう。**

しかし注意点があります。

税務署からアドバイスを受けて作成した申告書に不備があった場合、後々トラブルになっても税務署は一切責任を取ってくれません。これまで「税務署の指導の下に作成した申告書に間違いを指摘されて追徴課税されました」という相談を何件か受けたことがあります。その方は、アドバイスをした税務署の人の名前を控えていたので、私が代わりに直談判をしました。

それに対して税務署は、「私たちは、すべての資料を確認したうえで指導をしているわけではなく、あくまで一般的な見解を伝えたにすぎないから、責任は一切ない」「納税者には、こういった事態が起こりえるので、実際の申告書作成は税理士に依頼するように伝えている」という回答をするだけで、取り合ってもらえませんでした。

このような事態を避けるためにも、難しい判断が求められる申告については、税務署のアドバイスだけで作成するのはやめたほうがいいかもしれませんね。

ちなみに、相続税申告を税理士に依頼している人の割合は、2015年の税制改正前（基礎控除4割引下げ前）のデータでは10人中9人でした。しかし現在、自分で申告書を作る方は格段に増えたと感じています。

その理由は、2015年の税制改正から、私たちが作成した相続税申告に税務調査が入る割合が格段に減ったためです。改正前は私たちが作成した申告書でも10％くらいは調査に選ばれていましたが、今は1％以下になっています。しかし、国税庁が公表するデータを見ると、税務調査の件数自体は税制改正前後で変わりません。何が起こっているのでしょうか。

恐らく、**税理士をつけずに自分で申告書を作成した納税者への税務調査が増えたのだと推察**しています。税理士が作成している申告書より、素人の方が作成した申告書のほうが、圧倒的に追徴課税が取りやすいですからね。

相続税の節税をしなくてもよく、税務調査の心配も一切ないという方は自分で申告書の作成に挑戦するのもよいでしょう。そうではない方は専門家のアドバイスを聞くのをオススメします。

おわりに　最高で最大の効果を発揮する相続税対策とは？

「うばい合えば足らぬ　わけ合えばあまる」

私の大好きな相田みつをさんの言葉です。

私はこれまで数多くの相続の現場に立ち会ってきましたが、「この言葉の通りになるなぁ」と感じることが多々あります。

小規模宅地等の特例を始め、相続税にはたくさんの特例がありますが、その特例を使うには「遺産分割が決まっていること」が条件になります。他にも、**家族全員の足並みが揃っていれば、生前贈与や生命保険の活用など、相続税対策はいくらでもできます。**

一方で、相続トラブルが起きた場合は、相続税の特例が使えないのはもちろん、弁護士費用などの余計なコストが発生する可能性もあります。さらに、金銭的な負担だけでなく、時間的・精神的エネルギーも相当奪われます。何とか勝利を収めたとしても、後味のよいものではないでしょう。

最高で最大の効果を発揮する相続税対策は、家族仲良く円満に過ごすことなのです。私はその想いを込め、円満相続税理士法人という名前の税理士事務所を立ち上げました。

2つのエピソード

以前、とある方の相続税申告の依頼を受け、お父さまの遺産の分け方を、お母さま、長女、二女の3人で検討していました。

しかし、その途中でお母さまに重い病気があることが発覚し、緊急入院することになりました。先は長くないと医師から伝えられたお母さまは、病院に私を呼び、「私がもうすぐ死んでしまうとしたら、娘たちに一番多く遺産を残す方法は何ですか？」と質問されました。

私が「それはご主人の遺産をお母さまが一切相続しないことです」とお伝えすると、「それでは、そのように主人の遺産分割協議書を作ってきてください」とおっしゃりました。その後、病院で遺産分割協議書に相続人全員で署名をし、それからしばらくしてお母さまも息を引き取りました。最後の最後まで娘さんたちのことを思いやる姿に、私はとても多くのことを感じました。

相続トラブルを抱えている多くの方が「昔は仲良かったんですけどね……」と言います。とある3姉妹の三女から相談を受けました。

「父が元気だったころは、お正月やお盆に家族皆で集まり仲も良かったのに、父が急に他界し、それにショックを受けた母が一気に重度の鬱と認知症を併発しました。母の介護をしていた長女は、私たちに『あなたたちも少しは手伝いなさいよ！』と当たり散らすようになり、今では絶縁状態になりました。私たちにはまだ小さい子供がいて、遠方に住んでいる母の介護まで見れる状態になかったんです……」

今現在、家族の仲が良かったとしても油断しないでください。「自分の家は大丈夫」と過信してしまうことが一番危険なのかもしれません。

この本には、たくさんのトラブル事例をご紹介しました。原因さえわかっていれば、対策は打てます。先人たちが落ちた穴に、皆さんは落ちないよう気をつけてくださいね。

ページの都合上、この本では伝えきれなかった大切な論点もたくさんあります。今後、本書の内容を補足・解説した動画をＹｏｕＴｕｂｅにアップしていきますので、わからない点があればぜひご覧ください。きっと理解も深まります。

また、皆さまのご家族やご友人で相続について勉強したいという方がいれば、この本をご紹介してくださると、私も嬉しいです。

この本が1つでも多くの円満相続につながるよう願いを込めて、結びとさせていただきます。最後までお読みいただきまして、ありがとうございました。

２０２３年４月

橘 慶太

巻末資料

「いつまでに何をすべきかがわかる」相続対策シート

本書では、「相続にまつわる法律や税金の基礎知識から、相続争いの裁判例や税務調査の勘所まで」を紹介してきました。それらすべての内容を総合して、「相続開始3年前」「相続開始1年前」「相続開始後」という3つの時間軸から、あなたが今すべきこと・考えるべきことをお伝えします。

「知りたいことがすぐわかる」お悩み別索引

「自身の相続準備をしたい人」「これから相続を受ける人」という2つの視点から、お悩み別の索引を作りました。相続準備をしたい人と相続を受ける人では、「悩み」は似て非なるものになります。視点が変われば、見えるものも変わります。本書の内容整理にお役立てください。

相続開始1年前にすべきこと

- 遺言書の作成　P024, 032, 086, 091, 094, 097, 103, 109
- 養子縁組　P130, 134

相続開始直前は、意思能力があったかどうかを巡るトラブルに発展しやすいため、主治医から「意思能力に問題なし」という診断書を取得しておくことが大事です。また、契約書関係はできるだけ公証人立ち合いのもと、公正証書で作成することをオススメします。しかし、相続開始直前に行われた贈与は、「本当に本人の意思に基づいてなされたものなのか」と、税務署から追及されることもあるので注意が必要です。

養子縁組で相続人の人数が増えれば、相続税は大きく減少します。しかし、未成年者を養子縁組すると、相続発生後に親権を元の親に戻す手続が非常に大変です。

相続開始後にすべきこと

- 相続税が最小になる遺産分割の検討　P058, 119, 124
- 土地の分筆　P199
- 配偶者居住権の検討　P067, 072
- 頼りになる専門家選び　P264, 278, 281

相続税の申告期限は、相続発生から10か月と意外に短い期間です。それまでに専門家選びから、遺産の棚卸、遺産分割の検討と、やることはたくさんあります。

まずは「相続税のことだけを考えた、最も有利になる分け方」の提案を税理士から受け、そこに相続人の気持ちを反映させて、最終的な分け方を考えていくことをオススメします。

2020年4月から始まった配偶者居住権という制度により、自宅に住む権利と、それ以外の権利を分離させ、住む権利は配偶者に、それ以外の権利は他の相続人に相続させることができるようになりました。配偶者に住む場所と今後の生活資金を確保させるには非常に使い勝手の良い制度です。親子間の仲が良くない場合等には、積極的に検討する価値があります。

「いつまでに何をすべきかがわかる」
相続対策シート

相続開始3年前にすべきこと

• 遺産分割の方針を固める家族会議	P081
• 生前贈与の検討	P047, 142, 171, 176, 226
• 相続時精算課税制度による生前贈与（子）	P150, 153, 156, 159, 165, 251
• 暦年課税制度による生前贈与（主に孫）	P147, 150, 159
• 生命保険の加入	P135, 235
• 不動産の購入	P186, 190, 193, 195

大幅に相続税が減少する不動産の購入などは、相続開始の直前ではなく、少なくとも3年以上前に行うことが望ましいです（税務署から過度な節税と言われないために）。また、元気なうちから家族会議を開催し、親子間で相続の話をしやすい環境を作ってあげることも大事です。

相続人への生前贈与は、贈与してから3（7）年以内に相続が発生した場合、その贈与は無かったことにされる「3（7）年ルール」が存在します。3年ルールは2023年12月31日までの贈与に適用され、2024年1月1日以降の贈与については段階的に7年ルールが導入されます（詳細は150ページ参照）。

2024年以降は「相続時精算課税制度」の活用をぜひご検討ください。子であっても、毎年110万円の贈与を合法的に非課税にできます。原則として孫への贈与は「3（7）年ルール」が適用されませんので、亡くなる前日に贈与をしたとしても、節税の効果を享受できます。

生命保険は「法定相続人の数×500万円」まで、相続税は非課税とされます。現在、国内の生命保険には90歳前後のお年を召された方でも加入できる商品があります。しかし、余命宣告を受けた場合や入院中の場合は加入できなくなります。元気なうちから積極的に検討したいところですね。

これから相続を受ける人

「知りたいことがすぐわかる」
お悩み別索引

自身の相続準備をしたい人

橘　慶太（たちばな・けいた）

税理士。円満相続税理士法人代表

中学・高校とバンド活動に明け暮れ、大学受験の失敗から一念発起し税理士を志す。大学在学中に税理士試験に4科目合格（「資格の大原」主催の法人税法の公開模試では全国1位）。大学卒業前から国内最大手の税理士法人山田＆パートナーズに正社員として入社する。

税理士法人山田＆パートナーズでは相続専門の部署で6年間、相続税に専念。これまで手がけた相続税申告は、上場企業の創業家や芸能人を含め、通算500件以上。相続税の相談実績は5000人を超える。また、全国の銀行や証券会社を中心に通算500回以上の相続税セミナーの講師を務める。

2017年1月に独立開業。現在、東京・大阪の2拠点で相続専門税理士が多数在籍する円満相続税理士法人の代表を務める。「最高の相続税対策は、円満な家族関係を構築すること」をモットーに、依頼者に徹底的に寄り添い、円満相続実現のために日々尽力する。日本経済新聞や朝日新聞、ワールドビジネスサテライトなど、さまざまなメディアから取材を受けている。

限られた人にしか伝えることができないセミナーよりも、より多くの人に相続の知識を広めたいという想いから、2018年にYouTubeを始める。自身が運営する【円満相続ちゃんねる】は、わかりやすさを追求しつつも、伝えるべき相続の勘所をあますところなく伝えていると評判になり、チャンネル登録者は8万6000人を超える。

ぶっちゃけ相続【増補改訂版】
――相続専門YouTuber税理士がお金のソン・トクをとことん教えます！

2023年5月16日　第1刷発行
2024年7月4日　第6刷発行

著　者――――橘慶太
発行所――――ダイヤモンド社
〒150-8409　東京都渋谷区神宮前6-12-17
https://www.diamond.co.jp/
電話／03･5778･7233（編集）　03･5778･7240（販売）
装丁――――――三森健太（JUNGLE）
本文デザイン・DTP――岸和泉
装画・本文イラスト――伊藤ハムスター
校正――――――加藤義廣（小柳商店）
製作進行――――ダイヤモンド・グラフィック社
印刷――――――勇進印刷
製本――――――ブックアート
編集担当――――中村明博

ISBN 978-4-478-11788-0